사장학 수업

사장학 수업

사장이 넘어야 할 다섯 개의 산

김형곤 지음

A BUSINESS ADMINISTRATION CLASS

다산북스

들어가는 글

사장이 되려면
무엇을 어디까지 알아야 할까

'누구나 사장이 될 수 있을까?' '사장이 되려면 무엇을 어디까지 알아야 할까?' '성공하는 사장이 되려면 구체적으로 어떤 준비를 해야 할까?' 이 질문들에 대한 답을 생각할 때면 고등학교 시절의 경험이 떠오른다.

고등학교 시절 나는 학생회장(학도호국단 연대장)을 지냈다. 2학년 때 반장으로 활동하면서 선생님들의 관심을 받은 데다 교련과 체육 등 단체 활동을 지휘하며 약간의 역량을 인정받았기 때문이다. 지금 생각해 보니 '연대장'이라는 호칭에서 추측할 수 있듯 학생회를 대표하는 활동보다는 고등학교를 연대 단위의 군

편제 개념으로 보던 때였기에 열병과 사열 등 군사훈련을 이끄는 활동이 우선시되는 자리였다.

나도 마찬가지였다. 학교에서 임명된 학생 대표로서 의무적인 일들에 치중했을 뿐, 2000여 명의 학생을 대표하는 학생회장으로서 능동적인 자세와 활동은 미미했음을 돌이켜 반성한다. 나는 학생회장으로서 무지한 사람이었다. 학생회장이라는 위치에는 있었으나 학생회장으로서 해야 할 일이 무엇인지 충분히 알지 못했다. 따라서 수동적인 태도로 활동했음은 어쩌면 당연한 결과였는지도 모른다.

그렇다. 여기에서 알 수 있는 사실이 있다. 사장이 되는 것이 중요한 게 아니라 사장이 되었을 때 무엇을 왜 어떻게 해야 하는지 정확히 알고 행동하는 것이 중요하다는 사실이다.

*

이 책은 사업의 시작과 진행 그리고 사장으로서 해야 할 지속적인 자기 강화 활동의 초점들을 정돈한 것이다. 모든 선택에는 자기 이유가 있어야 한다. 그럼에도 불구하고 현실에는 사장이라는 역할의 본질보다는 사장에게 호의적인 상황이나 사장이라는 사회적 지위에 대한 호감만으로 전혀 객관적이지 못한, 주관적인 상상을 하면서 사업을 시작하는 경우가 더 많다.

사장은 자신의 기업을 대표하는 비즈니스 리더로서 그 위치를 선택한 자기 이유를 분명히 해야 한다. 그리고 그 위치에서 무엇을 어떻게 해야 할지 명확히 알아야 한다. 알아야 할 것을 모르면 그에 대한 대가를 지불하게 된다. 학생회장이었던 고등학생 시절의 나처럼 본질을 놓치는 실수를 반복할 수 있다.

사장은 '객관적 신념'을 가진 사람이 되어야 한다. 객관적 신념이란 '객관적 관점'에 '주관적 신념'을 더하여 줄인 말이다. 비즈니스 세계는 직장 생활이나 가정 생활과는 다른 별도의 규칙으로 움직인다. 그러므로 비즈니스 세계를 지배하는 원칙과 규칙에 대한 객관적 관점을 반드시 정립해야 한다.

객관적 관점을 갖는 것만으로는 부족하다. 자신이 본 사업 기회를 소화해서 풀어가기 위해서는 동시에 주관적 신념이 필요하다. 창의적 접근을 해야 한다는 뜻이다. "성공의 답은 자기 안에 있다"라는 말의 근거가 여기에 있다. 사업 과정에서 필연적으로 마주치는 장애물과 실패를 극복하는 힘의 원천 또한 여기에 있다.

객관적 관점은 머리를 차갑게 하고 주관적 신념은 가슴을 뜨겁게 한다. 차가운 머리와 뜨거운 가슴이 합쳐질 때 의미 있는 추진력이 만들어진다. 사업의 리더인 사장은 '객관적 신념'을 갖고 긍정의 눈으로 세상을 바라보며 뛰는 사람이다.

*

이 책은 본래 7년 전에 출간될 예정이었으나 내가 급작스럽게 뇌출혈로 쓰러지는 바람에 지금에야 세상에 나오게 되었다. 그래서 "넘어진 김에 쉬어 간다"라는 말처럼 늦어진 시간만큼 내용을 추가하고 보완해서 총 3부로 재구성했다.

1부 '사장의 시작: 아홉 명의 사장 이야기'는 사업의 길로 향하는 통로와 형태를 소개하며 사장이 되는 다양한 방식을 설명한다.

2부 '사장이 넘어야 할 다섯 개의 산'은 내가 이 책을 통해서 이야기하고 싶은 핵심 내용으로, 경영 지식이 풍부한 대학교수나 경영 컨설턴트들이 정작 자신의 사업에서 쉽게 성과를 내지 못하는 근본적인 이유를 명확히 설명해 준다. 또한 사업을 하는 사장이 어떤 실행의 골격을 갖추어야 효과적인지 분명한 접근 방식을 배울 수 있다.

3부 '사장의 내공 쌓기'에서는 내가 'CEO 가정교사'로 활동한 20여 년의 경험 중 현장의 사장에게 도움이 될 수 있다고 생각하는 일부를 요약해서 소개한다. 특히 '사장은 능동적으로 공부하는 사람'이라는 나의 견해를 많이 담고 있으므로 사장으로서 학습의 방향과 방식을 찾는 이에게 큰 도움이 되리라 생각한다. 아마도 기존의 경영 관련 도서에서는 접할 수 없는 독특하고 차별적인 내용을 다수 확인할 수 있을 것이다.

『사장학 수업』 총 3권 중 1권으로 소개되는 이 책은 내 인생에서 작은 기적의 증거다. 한 번 죽었다가 살아난 나를 격려하고 응원해 준 많은 분에게 깊은 감사의 말씀을 드린다. 특히 긴 시간 말과 글을 잃어버렸던 나를 포기하지 않고 기다려 준 다산북스 김선식 사장께 감사드린다.

2023년 12월

CEO 가정교사 김형곤

차례

2부
사장이 넘어야 할 다섯 개의 산

3부

사장의 내공 쌓기

1부

사장의 시작: 아홉 명의 사장 이야기

처음부터 사장인 사람은 없다.

모두가 어떤 과정을 거친다.

그 과정의 공통점과 차이점을 구분함으로써

자신에게 적합한

'사장이 되는 방식'을 탐구해 보자.

01 사장으로 독립하기에 적절한 때가 있다

———————— 어느 날 미국 중남부 지역의 대학 조교수로 재직하는 한 후배가 내게 고민을 털어놓았다. 미국 생활을 끝내고 한국으로 돌아가고 싶은데 아내가 반대한다는 것이다. "한국에서는 아이들 교육을 위해서 일부러 미국으로 들어오는데, 왜 당신은 미국에서의 기반을 버리고 한국으로 가려고 해요? 당신만 조금 희생하면 되는데…."

후배는 아내의 반론이 내심 섭섭했지만 설득력이 있다고 생각해서 미국에 남기로 결정했다고 한다. 덧붙여서 특별한 상황이 생기지 않으면 미국에서 미국 시민으로 살다가 인생을 마치게 될 것 같다고 했다. 나는 의아했다. 미국에서 교수 생활을 하다가 아이들이 대학에 진학한 후에 한국의 대학으로 오면 되지 않느냐고 물었다. 하지만 내가 모르는 사실이 있었다.

후배는 미국의 대학 조교수 중 정년을 보장받는 부교수가 되는 사람은 열 명 중 한 명에 불과하며, 그것도 시기가 있어 40대 중반인 자신의 나이가 지나면 정년보장 교수tenure가 될 기회가 아예 없어진다고 했다. 더군다나 조교수까지는 한국의 대학에서도 부담 없이 받아주는데, 부교수가 되면 임용하는 대학의 부담이 커져 들어갈 자리가 거의 없다는 것이다.

교수로서 미국에서 한국으로 옮기기에 적절한 시기가 있는데, 그것이 바로 조교수일 때다. 후배는 결국 한국으로 돌아오기를 포기했다. 대신 매년 여름 한국에서 운영되는 유학생 대상의 섬머스쿨을 가이드하며 4~8주간 한국 생활을 하고 있다.

실무 능력의 정점을 찍는 시기, 과장

미국의 교수가 한국의 대학으로 이동하기 적합한 시기가 조교수 때인 것처럼 직장 생활을 하다가 사업을 시작하기에 적합한 시기가 있다. 내 경험으로는 과장일 때다.

과장급이 되면 조직에서 업무 완숙도와 역량 면에서 최고점을 찍는다. 과장 이상의 직급은 실무보다는 관리의 영역이 커져서 실무 능력은 오히려 감퇴한다. 초보 과장보다는 무르익은 과장일 때가 바로 사업을 하기에 적합한 시기다. 그때가 기획력, 실행력, 부서 장악력, 돌파 능력 등에서 최고다. 게릴라 부대의 리더 같은 위치라고 할 수 있다. 전투력과 리더십, 문제 해결 능력이 동시에 발휘되는 시기다. 이러한 과장의 활동 특성은 창업에 적합하기도 하다.

과장보다 위의 직급인 부장급은 회사에서 더 진급하기 어렵다고 판단하거나 외부 환경에 밀리는 등 수동적인 이유로 사업을 시작하는 경우가 많다. 실제로 부장의 창업은 다소 애매하다. 무엇보다 실무에서 떠나 있어서 전투력이 많이 떨어진 상태다. 대신 상황 판단 등 정세와 흐름을 읽는 역량과 일거리를 연결하는 폭넓은 대인 관계가 장점이 된다. 이러한 부장의 활동 특성은 창업에 나선 과장급을 지원하는 데 더 적합하다. 즉, 부장급이 사업을 시작할 때는 실무 역량이 뛰어난 과장급 인사를 대동하는 것이 효과적이다.

과장급도 창업을 할 때는 부장급 인사를 서포터로 참여시키는 것이 바람직하다. 예를 들어서 베테랑 부장급 인사를 CEOChief Executive Officer로 앉히고 자신은 실무를 총괄하는 COOChief Operating Officer 역할을 하는 것이다. 사업을 하는 데는 핵심 문제를 푸는 역량 외의 것도 꽤 중요하기 때문이다.

과장이 독립해 사장이 되는 과정

대기업 상사 영업부에서 근무하던 김 과장이 독립을 선언했다. 김 과장은 1년 전부터 자기 사업을 계획해 왔다. 상사 영업부 업무 자체가 개별 사업의 성격을 띠고 있어서 사업의 개념에는 이미 익숙한 상태이고, 해외 거래처 등 사업을 시작했을 때 호의적으로 반응할 다수의 잠재 고객을 확보하고 있으며, 무엇보다도 현재 회사의 방침 때문에 돈 되는 기회를 많이 놓치고 있다는 판단 때문이다.

고민스러운 지점은 독립해서 할 사업 내용이 현재 회사의 것과 상당 부분 겹치는데, 어떻게 하면 회사에 경쟁자가 아니라 보완자로서 기능하고 받아들여질 것인가다. 김 과장은 일단 회사에서 함께 일하던 사람들은 자신의 사업에 참여시키지 않는다는 방침을 정했다. 그리고 회사에서 다루기 적합하지 않은 아이템이나 규모의 일들을 초기 사업으로 최대한 진행할 계획이다. 지난 13년간 일해온 곳에서 좋은 마무리를 하고 싶고, 사업을 시작했을 때 직간접적으로 도움을 받을 수 있는 상황을 유지하고 싶기 때문이다.

김 과장은 작은 사무실을 얻고 경영지원 업무를 처리할 직원을 한 명 채용했다. 외부 활동은 김 과장 본인이 모두 담당하기로 했다. 어느 정도 안정적인 수입원을 확보하기 전까지 고정적으로 월급을 지급하는 상황이 부담스럽기 때문이다. 사업이 어느 정도 진행되어서 회사의 형태를 갖추기 전까지는 호칭도 그대로 과장으로 부르기로 했다. 새로운 일을 시작한 초기에는 소위 '폼'을 잡기보다는 내실을 다져야 한다는 생각 때문이다.

김 과장의 1차 목표는 지난 1년 동안 독립을 생각하면서 밑작업을 해놓았던 세 건의 사업을 일단 성사시켜서 어느 정도의 운영 자금을 확보하는 것이다. 6개월 내로 목표를 달성하면 반년 전에 이전 회사에서 퇴사한 부장님을 모셔올 생각이다. 회사에서는 효용 가치가 다했다고 평가받던 분이지만 김 과장 자신과는 시너지 효과를 내기에 적합한 인물이라고 생각하기 때문이다. 그에게 사장직을 맡기고 김 과장은 부장직으로 활동하려고 한다. 그 후에 역량 있는 대리급 직원을 추가로 영입해서 체계를 갖출 것이다. 회사의 색깔과 주력 사업의 방향은 그때 함께 의논해서 결정할 생각이다.

과장에서 사장으로 독립한 김 과장은 모험을 시작했다. 지금은 우선 기존의 경험과 준비를 바탕으로 최대한 돈 되는 일에 집중할 요량이다. 정보, 법률, 세무, 총무 등 지원팀도, 유사시 도움을 받을 수 있는 조직의 울타리도 없으며 안정적인 급여는커녕 고정적인 지출만 발생하는 상황으로 자신을 내던졌기 때문이다. 게다가 대기업 과장이라는 타이틀을 가지고 일할 때와 경영지원팀 직원 한 명밖에 없는 소규모 회사의 대표로 일할 때는 같은 사업 내용이라 하더라도 거래처의 반응이 다를 것이 자명하다. 결국 김 과장의 개인 역량 외에 기댈 수 있는 것은 아무것도 없는 상황이다.

하지만 그래서 가능성이 있다. 지금은 자리를 잡고 운영되는 기업들의 사장도 모두 김 과장과 같은 시기가 있었고, 그래서 사업을 시작한 김 과장의 상황을 이해하면서 가능한 범위에서 도와주어야겠다고 생각할 수 있다. 열심히 살면서 사업 기반을 다져온 나이 든 선배에게 소신을 지니고 새로운 도전을 하는 평판 좋은 젊은 후배는 큰 호감을 주기 때문이다. 그들은 상대방이 사업 초기의 작은 도움을 오랫동안 기억한다는 사실 또한 경험으로 알고 있다. 이처럼 비즈니스 상대들의 호의적 기대감은 김 과장이 활용할 수 있는 큰 자산이 된다.

독립을 꿈꾸는 과장이 스스로 물어야 할 것

과장에서 사장으로 독립하려는 사람들은 몇 가지 사항을 스스로 질문하고 확인해 보아야 한다. 첫 번째는 '현재 일하는 회사에서 뚜렷한 성과를 내고 있는가'다. 방향 제시와 울타리가 있는 조직에서 성과를 내지 못하는 사람이 아무런 보호 장치가 없는 사업에서 성과를 낸다는 것은 거의 불가능하다.

두 번째는 '독립해서 즉각적으로 돈을 만들 수 있는 먹거리가 준비되어 있는가'다. 독립해서 진행되는 초기 사업 내용은 대부분 현재 하는 일과 관련된 것일 가능성이 크다. 그렇다면 현재 일을 하면서 사업 초기에 즉각적으로 수익을 낼 수 있는 '먹거리'의 밑작업을 하는 일은 그다지 어렵지 않다. 다만 현재 회사의 일거리와 거래처를 빼앗거나 관계를 나쁘게 만들지 않도록 유의해야 한다.

세 번째는 '거래처와 잠재 고객들에게 나의 평판은 어떤가'다. 사업 초기에는 거래처 등 주변의 도움이 절실하다. 평판이 좋지 않은 신규 거래처 사장에게 좋은 조건으로 거래를 시작하는 회사는 없다는 사실을 명심해야 한다.

네 번째는 '사업이 탄력을 받을 때 함께 일할 사람들을 미리 생각해 두었는가'다. 이미 역량이 확인된 사람 중에서 보장해 줄 것이 거의 없는 회사에서 일하려는 사람들이 있을까 싶겠지만 사장 본인이 어떤 사람이냐에 따라 상대의 태도는 달라진다. 역량 있는 사람, 함께했을 때 시너지를 낼 수 있는 사람을 미리 염두에 두고 있어야 한다. 그리고 자신의 사업 진행 상황을 상대가 부담을 느끼지 않을 방법으로 공유할 필요가 있다.

다섯 번째는 '내가 사업을 하는 이유는 무엇인가'다. 사업의 주목적이 돈이라면 현재의 회사에서 더 노력하는 편이 나을지 모른다. 돈 외에 사업을 시작하는 분명한 이유가 있어야 한다. 일단 사업을 시작하면 되돌아오기는 쉽지 않으며, 본인 외에는 사업의 중심을 잡아줄 사람이 없기 때문이다. 그래서 하고자 하는 사업에 자기 삶의 가치와 신념이 담겨 있어야 한다.

과장에서 사장으로의 독립은 맡은 업무의 연장선에서 자신의 사업을 시작하는 것을 의미한다. 따라서 철저하게 역량이 뒷받침되어야 한다. 현재의 일에서 기회를 발견하고, 사업 실행의 밑작업까지 준비한 후에 독립을 선언하는 편이 바람직하다. 평상시에 신뢰와 기대를 받으면서 일해야 함은 물론이다. 함께 일하고 싶은 매력적인 사람으로 평가받는다면 더 좋다. 주변 사람들의 호의적 기대감이 가장 큰 자산이기 때문이다.

현재 과장급으로 일하고 있더라도 지금까지 해오던 일과는 전혀 다른 영역에서 창업을 하는 경우라면 이 장에서의 내용은 적용하기에 적절하지 않다. 오히려 다음 2장에서 언급되는 내용이 더 적합할 것이다.

02 창업 준비를 위해 입사하다

———————— "제 사업을 하고 싶은데 어떤 준비를 해야 하나요?" 비즈니스 강의에 참석한 대학생의 질문에 나는 이렇게 답했다. "첫 직장을 세일즈 경험을 할 수 있는 곳으로 선택하세요. 그리고 '기회 노트'와 '아이디어 노트'를 만드세요."

나는 사업을 하고 싶어 하는 사람에게 늘 세 가지를 강조한다. 세일즈 역량, 기회를 보는 눈, 흉내 내고 반복할 수 있는 아이디어 풀pool이다. 모든 비즈니스는 기회를 포착하며 시작되고, 반드시 세일즈 과정이 필요하며, 비즈니스 전 과정에서 활용할 자기 아이디어를 최대한 많이 축적해 두면 유용하기 때문이다.

첫 직장부터 시작하는 사장의 세 가지 습관

나는 젊은 사람들이 일찍부터 사업을 시작하는 것에 찬성한다. 그러나 의지와 열정만으로는 사업이 되지 않는다. 구체적인 준비를 해야 한다. 그래서 사업을 하려는 사람에게 제일 먼저 최소 3~5년의 직장 생활을 권한다. 단, 일반적으로 좋은 회사라고 평가받는 곳이 아닌 구체적인 세일즈 경험을 할 수 있는 곳을 선택하라고 강조한다. 아이템이 무엇이냐에 관계없이 세일즈는 비즈니스에서 꼭 필요한 과정이기 때문이다.

목표가 분명한 비즈니스 조직에서 일하면서 세일즈에 대한 자기만의 접근 방식을 정립할 수 있으면 좋다. 조직 생활을 통해서 하나의 기업이 기능하는 데 필요한 요소들이 무엇인지 배우고, 향후 자신의 사업에서 각 요소를 어떤 방식으로 조직하고 운영할지 생각해 둘 필요가 있다.

두 번째로 강조하는 것은 '기회 노트'다. 자신의 눈에 '사업 기회'로 보이는 것을 기록하는 것이다. 사업 기회란 '어떤 제안을 하면 새로운 거래가 생겨나거나 기존 거래를 증폭시키는 상황이 벌어질 것'이라는 통찰이다. 기회 노트의 왼쪽에는 눈에 들어온 기회의 핵심을 적고, 오른쪽에는 그 기회의 배경, 잠재 고객, 접근 방식 등을 메모하는 것이다. 다만 매스컴에서 떠들어대는 기회는 자신의 기회가 되기 어렵다는 점을 유의하라. 내 눈에 들어

온 기회, 내 방식으로 풀어갈 수 있는 기회를 포착하는 것이 사업의 시작점이 된다.

세 번째는 '아이디어 노트'다. 일하는 과정이나 시장 조사 등에서 '저 아이디어 괜찮네' 싶은 모든 것을 기록하는 것이다. 노트 오른쪽에 자신이 본 사실 그대로를 사진 등을 첨부해서 기록하고, 왼쪽에는 그 아이디어 활용에 대한 자기 의견을 적어둔다. 사업을 시작해서 궤도에 올릴 때까지 수없이 만나게 될 장애물과 문제를 돌파하고 해결할 구체적 아이디어가 필요하기 때문이다. 이때 노트에 기록해 둔 아이디어를 그대로 활용할 수도, 그 아이디어에서 영감을 얻어서 새로운 아이디어를 떠올릴 수도 있다. 아이디어 노트 오른쪽에 기록된 사례는 '방법how'에 초점을 두기 때문에 구체적일수록 유용하다. 왼쪽에 자기 의견과 활용 방안을 기록할 때는 '적용application'에 초점을 두면 좋다.

첫 직장 생활에서 세일즈 접근 방식 정립, 기회 노트, 아이디어 노트 정리 외에 꼭 기억하고 염두에 두어야 할 일이 하나 더 있다. 바로 '자신의 강점과 특성을 파악하는 것'이다. 사업은 과정보다 결과와 효율성이 더 중시되는 영역이기에 자신의 강점이 발휘되고 특성이 유용하게 작용하는 방식으로 사업을 조직하고 진행할 수 있다면 더 빨리, 더 쉽게 성과에 접근할 가능성이 커진다.

다른 경로로 사업을 시작한 두 직장인 이야기

이제 직장 생활을 하면서 자기 사업을 준비한 두 사장의 사례를 살펴보자.

박 사장은 입사 때부터 창업을 염두에 두었다. 그래서 남들이 다 부러워하는 그룹 홍보실 보직을 버리고 해외 공사 현장에 자원했다. 가장 큰 이유는 창업에 필요한 돈을 모으기 위해서였다. 당시 해외 근무 보수가 국내 보수의 2.5배였기 때문이다.

박 사장은 4년 동안 사막 횡단도로 건설 현장에서 일하며 인력 관리, 자재 관리, 원가 산출, 기획, 공무, 후생 등 전반적인 업무를 맡아서 했다. 나중에 자신의 회사를 운영할 때 꼭 필요한 역량이라고 생각했기 때문이다. 그리고 열심히 일하는 것에 그치지 않고 사업 기회를 보려고 노력했다. 그러다가 눈에 띈 것이 바로 타워크레인이었다. 공사가 시작될 때부터 끝날 때까지 필요한 장비면서 임대 기간이 최소 1~3년이라 돈이 될 수 있는 아이템이라고 생각했다.

해외 근무를 마치고 한국으로 돌아와 타워크레인에 대해서 본격적으로 공부하기 시작한 박 사장은 이후 4년간 타워크레인 사업을 준비한 뒤 그동안 모은 돈을 자본금으로 사업을 시작했다. 창업을 염두에 두고 입사한 지 11년 만에 자기 사업을 시작한 것이다. 그리고 충분한 준비 덕분에 사업 시작 3년 만에 업계

5위까지 도약할 수 있었다.

반면 최 사장은 처음부터 사업을 해야겠다고 생각한 것은 아니었다. 그저 학교를 졸업하고 남들 하듯이 회사에 들어갔다. 무슨 일이든 대충 하지 못하는 성격 탓에 주어진 일에 최선을 다했고, 그 과정에서 자신도 잘 몰랐던 재능을 발휘해 많은 성과를 거두었다. 회사는 어떤 일을 맡아도 평균 이상의 성과를 만들어내는 최 사장에게 계속해서 새로운 사업에 참여할 기회를 주었다. 그 덕분에 최 사장이 5년 동안 참여한 신규 사업만 해도 일곱 개나 됐다.

이 과정에서 최 사장은 자신의 강점이 기존에 있는 것들을 조합해서 새로운 개념으로 재정립하는 데 있다는 사실을 깨달았다. 자신이 한 가지 일을 오래 하기보다는 새로운 사업을 어느 정도 궤도에 올리는 역할을 할 때 더 좋은 성과를 거둔다는 사실도 깨달았다. 새로운 사람을 만나서 어울리기를 좋아하는 특성도 발견했다. 최 사장은 스스로 사업 컨설턴트로서의 자질이 있으며, 그 분야에서 역량을 발휘할 수 있겠다고 생각했다.

마침 5년 차부터 경험을 쌓은 중국 시장에서 기회를 보았다. 한국에서 중국으로 진출하려는 기업을 컨설팅하면서 중국 내에서 아직 제대로 가치 평가가 되지 않은 자원들을 활용하면 지속적으로 수익을 올릴 수 있겠다고 생각했다. 최 사장은 33세의 나이에 중국 전문 비즈니스 컨설턴트로서 사업을 시작했다. 25년이 지난 지금 최 사장은 중국 내에 견고한 사업 기반을 갖추고 활동하고 있다.

타고난 재능에 성실함을 더하라

박 사장과 최 사장은 기본적으로 재능이 있는 사람들이다. 박 사장이 성실함과 노력으로 재능을 만든 사람이라면 최 사장은 타고난 재능을 발견하고 활용한 사람이다. 타고난 재능을 가진 사람들은 외부에서 주어지는 자극에 반응하면서 내면에 잠재된 재능을 드러내는 경우가 많다. 최 사장처럼 자신도 모르던 재능을 직장 생활을 통해서 깨닫는 경우도 종종 있다.

최 사장은 재능을 확인한 후에 한국과 이제 막 수교를 맺은 중국 시장에서 새로운 기회를 잡을 수 있겠다고 생각했다. 구체적인 아이템이나 즉각적으로 성과를 낼 수 있는 전략을 세워서 시작한 것은 아니었다. 자신의 잠재 역량에 대한 신뢰를 기반으로 기회가 있는 방향을 향해서 나아간 것이다. 최 사장에게 직장 생활은 잠재 역량을 격발시키는 계기가 되었다. 실제로 근무하는 회사에서 업무를 수행하면서 자신의 강점과 특성을 발견하고, 외부의 기회를 포착해서 사업 기회로 연결하는 것은 타고난 재능을 가진 사람들의 일반적인 사업 시작 패턴이다.

어떤 조직에서든 최선을 다해서 열심히 하는 사람에게는 기회가 주어질 가능성이 크다. 만약 근무하고 있는 회사에서 자신이 사업하려는 영역을 경험할 기회가 주어진다면 급여를 받으면서 구체적인 사업 경험을 할 수 있다. 특히 사업 초기에 벌어지는 시행착오에 대한 경험은 돈을 주고도 살 수 없는 가치가 있다. 아이템의 성격과 관계없이 사업 초기에 겪는 어려움은 대부분 유사한 성격을 갖기 때문이다. 조직의 역량이나 자금 등으로 풀어가는 경험 외에 자신의 노력, 돌파 역량으로 문제를 해결하고 목표를 달성하는 경험을 할 수 있다면 금상첨화다. 예비 사장으로서의 훈련 및 준비에는 최고의 경험이 된다.

박 사장의 접근 방식은 사업에 열망을 가진 사람들이 따라 할 수 있는 바람직한 패턴이다. 사업을 하겠다는 의지를 분명히 하고, 그에 필요한 것들을 현재의 회사 업무를 통해 준비하면서 외부 기회를 탐색하는 것이다. 단, 직장 생활을 하며 편안한 업무가 아닌 다양한 경험을 할 수 있는 업무를 능동적으로 선택하는 것이 중요하다.

어떤 형태의 사업이든 반드시 갖추어야 할 요소들을 가능한 한 많이, 다양한 형태로 접해보는 것은 향후 자기 사업에 큰 도움이 된다. 물론 그 경험을 자신이 적용할 수 있는 형태로 메모하고 정리해 두는 게 당연하다. 구체적인 아이템을 확정한 후에도 해당 영역에 대해서 충분히 학습하고, 명확한 사업 계획과 전략을 수립한 다음 회사를 떠나는 것이 바람직하다. 실제로 박 사장은 아이템으로 정한 타워크레인 업계에서 함께 일할 전문 인력까지 탐색해서 사업 파트너로 결정한 후에 사표를 냈다.

창업을 위해 입사한다는 것은 사업 진행에 필요한 요소들을 이해하고 적절한 역량을 확보하는 일을 월급을 받는 직장 생활을 통해 한다는 뜻이다. 돈을 벌면서 자신의 사업을 준비한다는 말이 근사하게 들릴지 몰라도 실제로 행동으로 옮기기는 만만치 않다. 박 사장처럼 미래의 창업 준비에 적절한 환경에 자신을 던져야 하고, 새로운 기회를 경험할 수 있는 일을 맡게 된 최 사장처럼 회사에서 인정받는 존재가 되어야 하기 때문이다. 그러나 회사에서 주어지는 모든 일을 자신의 사업이라고 생각하면서 최선을 다해 일한다면 소속된 조직에서 인정받는 것은 그다지 어려운 일이 아니다. 직장인 대부분이 편안하고 안정된 보직이나 역할을 선호하기 때문이다.

객관적 기회와 자신의 사업 기회

어떤 아이템이든 사업이 되려면 내부의 준비와 외부의 기회가 연결되어야 한다. 특히 자기 사업을 생각하는 사람이라면 외부 기회에 주목해야 한다. 외부 기회는 '객관적 기회'와 '자신의 사업 기회'로 구분할 수 있다.

객관적 기회란 사업을 원하는 사람이면 누구든지 활용할 수 있는 일반적인 기회를 말한다. 매스컴에서 사업 기회라고 소개하는 것들은 대부분 객관적 기회다. 누구나 접근이 가능한 객관적 기회를 자신의 사업 기회로 만들려면 상당한 자본과 속도전이 뒷받침되어야 한다. 돈 되는 것이라면 경쟁자들이 개떼처럼 들러붙는 것이 비즈니스 세계의 속성이기 때문이다. 따라서 객관적 기회에 주목한 사업자라면 사업 초기에 속도를 낼 수 있어야 하는데, 경쟁자들이 따라붙기 전에 멀리 도망가려면 그에 상응하는 충분한 자본을 갖고 시작해야 한다. 만약 그렇지 않다면 다른 사람이 흉내 낼 수 없는 탁월한 아이디어나 경쟁에서 자유로울 수 있는 특별한 사업 배경을 가지고 있어야 한다.

반면 자신의 사업 기회란 자신만의 강점과 특성을 적극적으로 발휘할 기회를 말한다. 나는 쉽게 할 수 있는 일이지만 다른 사람은 힘들게 노력해야 하거나 돈을 많이 써야 가능한 영역이다. 따라서 자신의 사업 기회를 찾아내기 위해서는 타고난 재능이나 이미 충분히 축적된 핵심 역량이 사업의 중심에서 작용하는 영역을 찾거나 그렇게 될 수 있도록 비즈니스 모델을 디자인해야 한다. 실제로 남이 몰라서 못 하는 것이 아니라 남이 알아도 못 하는 것이 자신의 사업 기회가 될 가능성이 크다.

03 오랫동안 해오던 일에서 분가하다

샘 월튼Sam Walton이라는 사람을 아는가? 미국인에게 가장 영향력 있는 기업으로 평가받는 월마트Walmart의 창업자다. 월튼은 28세에 소규모 잡화점 직원이 되었고 40대 초반에 대규모 잡화점 매장의 경영자로 일하다가 45세에 창고형 할인점으로 자기 사업을 시작했다.

월마트 1호점은 미국 아칸소주의 로저스라는 시골 마을에서 문을 열었다. 대도시에 점포를 출점하던 당시의 상식에는 맞지 않는 행보였지만 오랫동안 잡화점에서 일하던 월튼의 생각은 달랐다. 자동차 보급, 생활 패턴의 변화를 고려할 때 농촌 지역 소도시에서도 할인점 사업을 해볼 만하다고 생각한 것이다. 이미 대도시에 자리 잡은 유통업 강자들의 관심이 닿지 않는 틈새를 노린 점도 있었다.

월튼이 처음부터 독자적으로 사업을 시작할 의도를 가진 건 아니었다. 경영자로 일하던 회사에 대도시가 아닌 시골 지역에 창고형 할인점을 출점하자는 아이디어를 냈지만 본사 경영진이 그 아이디어를 받아들이지 않았기 때문에 창업을 하게 된 것이다. 여하튼 그렇게 시작한 할인점 월마트는 그가 세상을 떠나기 1년 전인 1991년에 미국 소매업계 1위의 기업으로 우뚝 섰다.

확장 전략으로 분가를 택한 월마트

월튼의 경영 철학이자 월마트의 슬로건인 '상시 저가 판매 everyday low price'를 가능하게 했던 두 가지 주요 정책이 있다. 하나는 '구매 단가에 3센트만 더해 팔기' 정책이다. 같은 상품이라도 구매 단가가 낮아진다면 그 단가에 3센트만 더해 판매가를 매겼다. 물론 그런 가격 정책으로 수익을 내기 위해서는 다른 비용들을 경쟁자보다 낮춰야만 했다. 그래서 작고 실용적인 사무실을 두고 직접 운전을 하는 등 월튼 자신도 그 기준에 맞는 삶을 살았다. 기업 규모가 작았던 시기뿐만 아니라 거부가 된 다음에도 그의 삶의 태도와 방식은 전혀 바뀌지 않았다.

또 하나는 '현재 점포의 매니저를 신규 점포의 경영자로 세우기' 정책이다. 월튼은 자신과 함께 일하면서 월마트의 철학과 방식이 몸에 밴 사람을 신규 점포의 경영자로 세웠다. 그리고 신규 점포의 경영자는 해당 점포의 지분을 공유하는 파트너가 되었다. 월마트가 성공한 데에는 수많은 이유가 있겠지만 나는 이 두 가지가 초창기 월마트를 경쟁력 있는 기업으로 세워준 단순하면서도 효과적인 정책이었다고 생각한다.

평범한 사람이 안정된 형태로 사업을 시작하는 방법 중 하나는 바로 '분가分家'다. 성공적으로 운영되고 있는 점포·기업(본가)에서 근무하면서 필요한 기능을 습득하고 성공에 필요한 요소들을 파악한 후에 자신의 점포·기업을 시작(분가)하는 것이다.

월튼은 일하던 회사에서 자신이 본 새로운 기회를 본사 경영진에 어필했지만 받아들여지지 않자 그 기회에 집중하는 방식을 구현하기 위해 독립했다. 이러한 자신의 경험 때문이었는지는 몰라도 월튼은 새로운 점포를 출점할 때마다 함께 일하던 직원들을 분가시키는 방식으로 기업을 확장해 갔다. 현장의 직원들을 소중히 여기고 그들의 말에 귀를 기울이며 자신의 이익을 동료와 공유하고자 했던 월튼에게는 분가 형태의 확장 전략은 어쩌면 당연한 선택이었는지도 모른다.

대부분의 사업에서 힘들고 어려운 것은 안정된 사업 방식이 정립되기까지의 시행착오 기간이다. 그런데 분가 방식으로 사업을 시작하는 경우에는 그 시행착오 기간을 생략할 수 있다. 지금까지 하던 방식대로 일하면서 사장이 되는 것이다. 특별한 사업 재능이 아니라 성실함만으로 자기 사업을 시작할 수 있어서 평범한 사람도 사장이 될 수 있는 효과적인 방식이다. 또한 분가시키는 입장에서는 자신이 직접 일하면서 겪어본 사람을 경영자로 세움으로써 안정적인 기업 확장이 가능해진다. 그래서 분가는 '윈-윈win-win'의 방식이다.

분가한 사업의 성공 확률이 높은 이유

『장사의 신』이라는 책을 통해 국내에도 널리 알려진 우노 다카시宇野隆史의 분가 방식은 훨씬 더 파격적이다. 함께 일하는 직원이 원하면 아무 조건 없이 자신의 가게를 만들어서 성공하도록 돕기 때문이다.

우노 다카시는 어떤 상황에서도 망하지 않는 이자카야(일본식 선술집) 경영에 대한 자신의 철학과 방법을 구체적으로 직원들에게 전수한다. 그리고 어느 정도 함께 일한 직원이 원하면 능동적으로 분가하도록 격려한다. 단, 이자카야라는 기본 아이템에 충실하되 경영자로서 자신의 철학과 색깔을 가지고 가게를 경영할 것을 강조한다. 200여 명의 직원이 그렇게 성공적으로 분가해서 사장이 되었다.

우노 다카시의 이자카야에서 일하는 직원은 사장이 되기 좋은 환경을 얻은 것이다. 성실함만 갖춘다면 평범한 사람도 안정적으로 자기 사업을 시작할 수 있기 때문이다. 일하면서 몸에 밴 것을 그대로 반복하면 된다. 가맹비를 내고 프랜차이즈 가맹점으로 시작하는 것과는 하늘과 땅만큼의 차이가 난다. 프랜차이즈 가맹점주는 효과적인 점포 운영 방식을 다른 사람의 설명이나 교육을 통해서 배우지만, 분가하여 점포를 운영하는 경우 그 효과적인 방식이 몸에 밴 상태에서 시작하기 때문이다. 단순히 머리로 아는 것이 아니라 바로 실행할 수 있도록 습관처럼 몸에 밴 상태가 되는 것이 중요하다. 몰라서 못 하는 일보다 알아도 못 하는 일이 훨씬 더 많은 것이 현장의 속성이다. 거기에 자신의 시각으로 기회 요소를 찾아서 덧붙인다면 성공 가능성은 더더욱 커진다.

물론 분가 방식이 사업을 시작하는 좋은 형태이기는 해도 성공을 100퍼센트 담보할 수 있는 것은 아니다. 먼저 자신이 일하는 곳의 성공 핵심을 정확히 이해해야 한다. 그리고 어떤 정책과 실행이 그 성공을 만들고 유지했는지 냉정하게 평가해야 한다. 자신이 이 구체적인 성공 방법들을 충분히 이해했는지, 지속적으로 실행할 수 있는 상태인지를 판단할 필요도 있다. 머리로 이해하는 것만으로는 부족하다. 이 방법들이 습관처럼 몸에 밴 상태여야 한다. 만약 그렇지 않다면 현재의 일터에서 더 능숙한 사람이 되도록 노력해야 한다.

성공 방식을 답습하되 시장의 변화를 주시하라

월튼처럼 오랫동안 해오던 일에서 기회를 보고 창업하는 경우가 있다. 빈 시장이나 틈새시장을 포착하고 기업의 경영진에게 사업 기회를 어필했지만 받아들여지지 않은 경우다. 보통의 직장인이라면 한두 번 더 어필했다가 그만두겠지만 사업가 기질이 있는 사람의 경우 그 기회를 자기 사업을 시작하는 계기로 삼는다. 나는 이런 고민을 하는 사람들에게는 용기 내서 사업을 시작할 것을 권한다. 빈 시장이나 틈새시장을 눈으로 포착한다는 것이 결코 쉬운 일은 아니기 때문이다.

포착된 기회는 대부분 자신의 사업 기회가 된다. 그 기회는 다른 사람의 눈에는 쉽게 보이지 않기 때문이다. 사업으로 풀어갈 전략도 기회를 포착한 당사자는 어렵지 않게 수립할 수 있다. 그 시장을 본다는 것 자체가 일정한 역량과 전문성을 갖추어야 가능한 일이기 때문이다. 다만 자신의 전략을 구체적으로 풀어갈 수 있는 '실행력'이 어떤지가 중요한 변수가 된다. 자신이 본 기회에 집중하는 전략적 실행이 실현될 수만 있다면 그 사업은 성공할 가능성이 크다.

분가한 사업 초기에는 기존의 성공 방식을 그대로 답습하는 것이 효과적이다. 그러나 기존의 방식에 안주해서는 안 된다. 입지 등 자신의 사업 환경에 적합한 정책들을 지속적으로 탐색하고 실천해야 한다. 특히 소비자 욕구의 변화나 새로운 경쟁자의 등장 등 시장에 변화가 감지될 때가 위기다. 그때 어떻게 대응하느냐에 따라 위험이 될 수도 있고 기회가 될 수도 있다.

분가 방식의 창업일 때는 본가의 경험과 조언도 적극적으로 활용할 수 있다. 그 과정에서 기회 요소를 찾아서 점핑의 수단으로 활용할 수 있다. 그렇게 두세 번의 시장 변화를 소화해 내면 그 사업은 끝까지 갈 가능성이 크다.

다만 이 과정에서 사업 규모를 키우는 일에는 늘 신중해야 한다. 분가 방식으로 창업한 사람은 성실함이 주 무기인 경우가 많다. 즉, 자신이 이전에 경험하지 못한 새로운 상황에 적절하게 대응하는 능력은 부족할 가능성이 큰데, 사업 규모가 커지면 고객을 응대하는 핵심 역량 외에 조직을 관리하는 별도의 역량이 추가로 요구되기 때문이다. 규모, 즉 양量이 커지면 미처 예상하지 못했던 질質적으로 변화된 상황과 마주하는 일이 자주 발생하므로 좀 더 신중한 접근이 필요하다.

실전 TIP 1.

타고난 재능과 축적된 역량은 다르게 작용한다

3장에서 소개한 사장이 되는 방식에는 두 가지 내용이 섞여 있다. 조직에서 일하다가 기회를 보고 새로운 방식으로 독립하는 경우와 현재 조직의 일하는 방식을 그대로 반복하는 분가의 형태다. 두 가지 방식의 공통점은 사장이 되려는 사람이 현재 일하고 있는 영역에서 성과를 만드는 방식에 이미 익숙해져 있다는 것이다.

반면 자기 사업을 시작했을 때 풀어가는 방식에 차이점이 있다. 기회를 보고 독립한 경우에는 기존의 성공 경험을 바탕으로 자신이 본 기회에 적합한 창의적이고 전략적인 실행을 할 수 있어야 한다. 반면에 분가하는 방식일 때는 기존의 성공 방식을 그대로 반복하는 것이 더 효과적이다.

사업을 시작하는 데 두 가지 중 어떤 방식을 취하는 것이 바람직한가는 사장이 되고자 하는 사람이 경영자로서 어떤 특성을 가졌는가에 따라 달라진다. 시장에서 기회를 보고 독립하는 사장에게는 타고난 사업적 재능과 전략적인 실행력이 필요하고, 분가 방식으로 사업을 시작하는 사장에게는 경험적 역량과 성실함이 중요하게 작용한다.

재능과 역량의 차이

사람에게는 타고난 '재능'이 있고 경험과 노력으로 축적되는 '역량'이 있다. 사업에서는 재능이 역량을 앞서는 경우가 많다. 타고난 재능은 순식간에 발휘되는 반면에 축적되는 역량은 긴 시간이 필요하기 때문이다. 달리기 경주에서 토끼가 거북이보다 유리한 조건을 갖춘 것과 유사하다.

타고난 재능을 가진 사람은 현재 역량보다 더 높은 수준을 요구받는 상황에 놓이면 그 상황을 해결하면서 역량을 이전보다 한 단계씩 높여가는 경향이 있으나, 평범한 사람은 현재의 역량보다 높은 수준을 요구받는 상황에 놓이면 진도를 나가지 못하고 주저앉는 경우가 많다.

반대로 타고난 재능을 가진 사람은 현재의 역량 안에서 이루어지는 일에 대해 지루해하는 경향이 있고, 평범한 사람은 역량의 95퍼센트 정도를 사용해서 성과를 낼 수 있는 상황일 때 훨씬 더 자신감을 드러낸다. 비즈니스 게임에서 토끼와 거북이의 경주 결과는 가변적이다. 타고난 재능은 유리한 요소이긴 하지만 게임의 승자가 누가 되느냐는 어떤 환경에서 사업을 하느냐에 따라 달라진다.

보통의 경우 축적된 역량은 타고난 재능을 이기기 어렵다. 실제로 타고난 재능을 가진 사람이 사업에서 성과를 내는 경우가 더 많다. '돌파력'과 '실행력'이 차이를 만드는 본질이다.

돌파력은 장애물을 만났을 때 발휘되는 역량이다. 장애물은 예상하지 못한 상황에서 나타나는 경우가 많기에 미리 준비된 역량이 아닌 잠재된 역량, 즉 타고난 재능으로 해결할 수밖에 없다. 그러나 실행력은 조금 다르다. 계획된 전략을 수행하는 역량이기 때문이다. 즉, 사전에 준비할 수 있는 것이다. 하지만 돌파가 필요한 실행력이 요구되는 환경에서는 타고난 재능을 가진 사람의 존재가 필수적이다. 돌파가 필요 없는 안정적인 환경은 같은 역량을 반복해서 성과를 만드는 데 익숙한 사람에게 더 유리한 방식으로 작용한다.

비즈니스는 돌파의 단계가 아닌 같은 일을 반복하는 시스템적 접근이 가능한 시기에 돈을 벌게 되는 경우가 대부분이다. 따라서 돌파력이 필요한 환경에서는 타고난 재능을 가진 사람에게 유리한 게임이 되지만, 전략을 충실하게 실행하고 시스템적 접근이 가능한 환경에서는 성실한 사람에게 유리한 게임이 된다.

아이디어가 사업의 전부라는 착각

사업을 하려는 사람이 꼭 기억해야 할 것이 있다. 다른 사람이 몰라서 못 하는 일을 사업 아이템으로 하는 것은 위험하다. 다른 사람들이 생각하지 못한 '빅 아이디어'로 사업을 하는 것은 그 아이디어를 뒤쫓는 경쟁자들을 따돌리고 초기에 멀리 도망갈 수 있는 자본이나 조직을 가진 사람들에게나 유용한 방식이다. 기업의 역사에서는 새로운 아이디어를 가지고 시장에 진입한 선구자보다 선구자의 아이디어를 보완하면서 실행력을 극대화해서 '미투me too 전략'을 구사하는 후

발 주자가 최종 승리자가 되는 경우가 훨씬 더 많다.

비즈니스에서 아이디어가 핵심이라고 생각하는 경향이 있는데 착각이다. 비즈니스 경험자들은 실행력이야말로 성공을 좌우하는, 훨씬 더 중요한 변수라는 것을 안다. 한 명의 천재가 1만 명의 평범한 사람을 먹여 살린다는 대기업 총수가 강조하는 주장을 그대로 받아들여서는 안 된다. 그런 기업들은 모두 막강한 자본과 실행력을 갖추고 있기에 아이디어의 중요성을 강조하는 것뿐이다. 실제로 대부분의 사업은 다른 사람이 알아도 못 하는 것을 구체적인 방법으로 실행할 수 있을 때 성공 확률이 높아진다.

사업을 계획할 때는 두 가지가 서로 연결되어야 한다. '외부 기회'와 '내부 준비'다. 외부 기회를 포착한 후에 그에 걸맞은 내부 준비를 하는 것이 논리적인 순서이지만 현실적으로는 이미 준비된 자신의 역량을 살피고, 이를 바탕으로 외부 기회와 연결할 방식을 찾는 것이 효과적이다.

이때 돌파력 등 타고난 재능을 발휘할 수 있는 특징을 가진 사람이라면 이미 축적된 역량을 바탕으로 포착한 기회에 집중해서 현재 몸담고 있는 회사와 별개로 사업을 시작하기를 추천한다. 하지만 스스로 생각하기에 돌파력보다 기존의 축적된 역량을 반복하는 실행력이 강점이라면 이미 성공한 모델을 따라 분가하는 방식의 창업이 바람직할 수 있다.

04 프리랜서를 위한 조언

———— 첫 직장에서 함께 일했던 A 실장이 프리랜서로 독립한다는 소식을 전해왔다. 광고 카피와 슬로건 개발 등 지금까지 해왔던 업무 영역에 브랜드 네이밍brand naming과 심벌, 로고 등을 개발하는 브랜드 아이덴티티brand identity, BI 영역을 더해서 시작한다고 했다.

A 실장은 경력이 풍부한 카피라이터였다. 차분한 성격에 현실적인 감각, 상대방의 입장에서 쉽게 이해할 수 있는 단어와 문장을 구사하는 탁월한 능력을 발휘하던 사람이다. 일에 대한 책임감도 대단해서 약속한 일에 대해서는 어떤 상황에서도 그 결

과를 만들어내는 사람이기도 하다. 나는 그의 미래를 기대하며 내가 프리랜서로 앞서 일하면서 깨닫게 된 몇 가지 내용을 정리해서 이메일을 보냈다.

프리랜서를 위한 조언

가장 힘든 것은 안정감이 없는 것입니다.
내가 스스로 준비하고 챙기지 않으면
아무것도 이루어지지 않습니다.
누구도 나를 먼저 적극적으로 이해해 주지 않습니다.
연락이 오는 대부분의 사람은 '자기 필요'가 있는 경우입니다.
그리고 내게 어떤 문제 해결 능력이 있다는 것을
확인한 후에야 관계가 시작됩니다.
그것도 계속 어떤 '거리'가 있어야 관계가 지속됩니다.
변치 않는 신뢰 관계라는 것은 거의 환상에 가깝습니다.
여러 가지 의미로 친구가 그리워집니다.

자신의 삶의 방향과 목표에 접근할 수 있는
구체적인 방법을 찾아내야 합니다.
주변의 긍정적 자극을 기대하는 것은 현실적이지 않습니다.

스스로 자극하고 동기부여 하는 삶에 익숙해져야 합니다.
내가 상상할 수 있는 것이
내가 도달할 수 있는 최고치라는 것을 깨닫습니다.
이제 내 삶의 리더로서
구체적인 '신념'을 정리해야 합니다.

두 번째로 힘든 것은 외로움입니다.
의논할 사람이 없습니다.
일상에서 어울리는 사람들은
이해관계에 있는 경우가 대부분입니다.
옛 친구를 찾아보지만
관계의 워밍업이 끝날 때쯤이면 헤어질 시간이 됩니다.
마음속에 말을 품었다가도 상대 얼굴을 보는 순간
얘기를 꺼낼 용기를 잃기도 합니다.
특히 변화된 환경(프리랜서) 탓으로
뭔가 이해관계를 요구한다는 느낌을
남기지 않으려는 결벽증(?)이
오히려 더 어색한 상황을 만들기도 합니다.
문제 해결 능력을 상실하는 순간
아무에게도 받아들여질 수 없겠다는

불안감을 종종 느끼곤 합니다.

구체적인 전문성을 확보하는 것이 중요합니다.
그 후에는 자신이 어떤 문제 해결 능력을 가진 사람인지
어떤 상황과 환경에서
유용하게 작용할 수 있는 존재인지에 대해서
상대방의 기억 속에 흔적을 남기는 것에
익숙해질 필요가 있습니다.
그 기억이 구체적일수록 새로운 관계 맺기가 쉬워집니다.
외로움과 외로움에 대처하는 나 자신의 모습을 통해서
이전 삶에서는 쉽게 느끼기 어려웠던…
사람들을 이해할 수 있는
감정의 토대가 생긴 것은 새로운 수확입니다.

세 번째는 진도가 잘 나가지 않는다는 것입니다.
모티브를 찾고, 계획하고, 자료를 모으고,
구체적으로 정리하고, 대상을 찾아 어필하고 등….
모든 과정을 혼자 해결해야 하기 때문에 진척이 더딥니다.
스스로 지쳐버리기도 합니다.
이리 불려 가고 저리 불려 가고

향후 클라이언트가 될 수 있다는 관계성으로 인해
별로 시답지 않은 말에도 인내심을 가지고
(게다가 웃는 얼굴로, 장단까지 맞추면서) 들어줘야 합니다.

그러나 나는 행복합니다.
내가 중요하다고 생각하는 일을
우선순위에 둘 수 있기 때문입니다.
가족과 어울림에 덩어리 시간을 쓸 수 있고
보고 싶은 책을 보고 싶은 시간에 볼 수 있고
꼭 가보아야 할 곳에 우선적으로 시간을 할애할 수 있습니다.
조직에 있을 때는 확인할 수 없었던
나 자신에 대한 가치와 평가도 쉽게 알 수 있습니다.
내가 괜찮은 계획과 실행을 하면 결과 역시 내 것이 됩니다.
말도 안 되는 지시에 찡그리며 몸을 뒤틀지 않아도 됩니다.
조금씩이나마 주변에 교두보를 확보해 가면서
미래에 이루어질 꽤 괜찮은 내 모습을
상상하는 즐거움도 있습니다.
특히 내 의사와 관계없이 주변을 빼앗아가 버리는
인사권자가 없다는 것이
내 태도를 분명하게 만듭니다.

돈이 부족한 것(수입이 안정적이지 못한 것)이 조금 불편합니다.
그래서 안정적인 수입원을 만들기 위해 노력하고 있습니다.
타협하지 않으면서도 불편함을 해소하는 방법을
모색하고 있는 것이죠.
아직은 충분치 않지만 가능성은 계속해서 확인 중입니다.

프리랜서로 첫걸음을 내디딘 실장님께
앞선 제 경험을 요약해 봅니다.

1. 일하는 시간을 미리 떼어놓으세요.
필요에 맞추어 일하다 보면 24시간 일하게 될지도 모릅니다.
조직에 있을 때보다 더 긴 시간 일만 하며 살 수도 있습니다.

2. 구체적인 자기 목표를 세우세요.
기간(연, 분기, 월)별로 구체적인 목표를 세울 필요가 있습니다.
정량적·정성적 목표가 모두 필요합니다.
세운 목표에 접근하는 방법도 강구해야 합니다.
자기 방법을 설정해 놓고
주변에서 내게 요구하는 상황을
나의 계획과 방법 속에 융해해 활용하는 지혜도 필요합니다.

3. 현금 사용 계획을 미리 세워야 합니다.
전반적으로 현금이 부족한 상황이 많습니다.
들어오는 돈은 불규칙한데
나가는 돈은 대부분 규칙적이기 때문입니다.
그렇게 되면 마음이 움츠러들어서 미래에 대한 투자보다는
현재의 필요에만 돈을 쓰게 됩니다.
가끔은 자존심을 잃지 않기 위해
무리하게 돈을 써버리는 경우도 있습니다.
최대한 현금 사용을 줄이고
들어오는 돈을 규칙적으로 만드는 방법을 생각해야 합니다.
그리고 미래에 기대하는 자기 모습에 대해
투자를 멈추지 않아야 합니다.

일천한 경험을 바탕으로 쓴 글이 도움이 될지 모르겠습니다.
그러나 실장님을 기대하는 사람이 있다는 것을
확인시켜 주고 싶었습니다.
단순히 일의 필요를 채우는 관계가 아니라
실장님의 미래에 대해서 기대하는
친구가 있다는 것을 전하고 싶었습니다.

"유능한 뱃사공은 바람과 파도를 이용한다"라는
실장님의 카피가 삶의 시간이 지난 후에
우리의 이야기가 되는 날을 기대합니다.

건강 조심하세요!
프리랜서는 몸이 전 재산입니다.

프리랜서에서 사업가로 향하는 과정

회사에서 전문성을 가지고 일하다가 독립할 때 프리랜서로 시작하는 경우가 많다. 어차피 개인의 전문적 역량을 발휘하는 것이어서 별도의 사업자(등록증)를 내서 사업을 시작할 필요는 없다. 회사를 나와서 프리랜서로 일한다면 첫 고객은 대부분 자신이 일하던 회사에서 업무 관계를 맺었던 곳이다. 심지어는 회사에서 하던 일을 아웃소싱outsourcing 방식으로 진행하는 경우도 있다.

그러나 이전과 유사한 일을 하고 있다고 방심해서는 안 된다. 이전에는 회사라는 울타리 안에서 보호를 받으며 일했지만 프리랜서가 되고부터는 철저히 필요한 역량만을 제공하는 입장이기 때문이다. 특히 상대에게 올드하다는 느낌을 주는 순간 일이 끊어지게 된다. 그래서 회사에 있을 때보다 더 능동적으로 자신을 계발해야 하고, 자신의 전문성을 가능한 한 많은 사람에게 알리는 삶을 살아야 한다. '개인 브랜딩'을 위해서 고민하고 행동해야 한다.

일의 양이 많아지거나 규모가 커지면 어쩔 수 없이 사업자등록을 하게 된다. 이제 객관적으로 사장이 되는 것이다. A 실장도 그렇게 A 사장이 되었다. 이때 사명을 잘 지어야 한다. 개인 브랜드의 연장선에서 쉽게 이해할 수 있는 단어가 들어간 사명이 효과적이다. 이제는 개인보다는 회사의 이름을 알리는 '회사 브랜딩'을 시작해야 한다. '~한 문제가 있거나 ~할 필요가 있으면 찾는 회사'로 소문이 나야 한다. 그리고 자신이 해왔던 일 중에서 반복되는 업무를 담당할 직원을 고용해서 활용할 필요가 있다. 회사의 대표로서 일거리가 끊이지 않도록 노력하는 것이 직접 일하는 것보다 더 큰 비중을 차지하게 되기 때문이다.

사업을 시작한 프리랜서를 위한 두 가지 조언

프리랜서로 일하다가 회사를 만드는 경우 유의해야 할 두 가지가 있다. 먼저 용역 사업은 항상 한계가 있다는 것을 알아야 한다. 돈을 버는 만큼 새로운 인력이 충원되어야 하기 때문이다. 그것도 전문성 있는 사람을 고용해야 한다. 전문가들은 고용하기도 어렵지만 통제하기는 더 어렵다. 그래서 평범한 사람들이 반복적으로 일하면서 성과를 낼 수 있는 부분을 만들어내야 한다. 그것을 시스템화할 수 있어야 비로소 지속할 수 있는 기업이 된다.

자신과 같은 역량을 가진 사람들을 네트워크로 활용하는 것도 한 방법이다. 단, 그들을 선한 방식으로 통제할 자기 방법을 찾아내야 한다. 잘못하면 자신이 해오던 일의 기반을 빼앗길 수 있기 때문이다. 사업을 하면서 뒤통수를 맞을 가능성은 늘 있다.

두 번째는 자신의 삶과 관련된 부분이다. 회사를 나와서 독립한 이유가 무색해진 환경에서 일하게 될 가능성이 크다. 직접 일도 해야 하고, 영업도 해야 하고, 사람들 관리도 해야 하고… 잘하는 일 말고도 해야 할 일이 많아진다. 게다가 직원 월급, 사무실 월세 등 수입과 관계없이 발생하는 고정적인 지출이 매우 부담스럽게 다가온다. 자기계발은 생각도 하기 어려운 상황이 벌어진다. 준비되지 않은 경영자로서 기능해야 하기 때문이다.

이때가 프리랜서로 시작한 사장에게 중요한 분기점이 된다. 자신의 역량, 삶의 목표를 고려한 적절한 회사 형태와 운영 방식을 찾아야 한다. 1인 기업으로 끝까지 갈 수도 있고, 평범한 사람들을 데리고 지속할 수 있는 소규모 사업 모델을 만들 수도 있고, 아예 전문가 그룹으로 회사의 규모를 크게 키울 수도 있다. 여하튼 자신이 감당할 수 있는 규모의 회사 모델을 찾아내고, 그 회사를 본래 자신이 꿈꾸었던 방식으로 운영할 수 있어야 한다.

전문성이 있다는 것은 큰 장점이다. 그러나 사업은 전문성만으로는 유지되지 않는다. 그 전문성을 누군가 사용해 주어야 하기 때문이다. 자신의 전문성이 지속적으로 활용될 수 있는 환경이나 기반을 확보하는 것이 관건이다. 그 기반을 자신의 회사 내부에 구축할 수 있을 때 비로소 진짜 사장으로 살아갈 수 있다.

05 자수성가한 아버지들의 바람

——————— 부모의 사업을 이어받아서 사장이 된 경우는 우리 주변에서 쉽게 찾아볼 수 있다. 자수성가한 아버지의 치과를 물려받아서 운영하는 윤 원장이 대표적 경우다. 윤 원장은 본래 치기공(치과에서 필요한 보철물이나 교정 장치 등을 제작·수리·가공하는 일) 일을 했다. 다른 사람들은 험하고 힘든 일이라고 말하지만 윤 원장은 적성에 잘 맞아 즐겁게 해왔고, 아버지가 운영하는 치과를 보조할 수 있어서 더 좋았다.

그런데 어느 날 아버지로부터 치과대학에 진학하라는 권유를 받았다. 윤 원장은 고민했다. 나이 먹어서 학교를 다니는 것도 힘든 일이었지만, 안정적으로 하고 있던 치기공 일을 놓고 싶지 않았다. 그러나 아버지의 권유는 윤 원장에게는 명령이나 다름없었다. 한 달을 고민하다가 아버지 뜻을 받아들이고 치과대학에 진학하기로 마음먹었다. 아버지 요구를 따르지 않았을 때 예상되는 갈등과 어려움을 감당할 수 없었기 때문이다.

치과대학 입학이 확정되자 아버지는 두 번째 권유 아닌 권유를 했다. 아버지의 치과에서 일하던 간호사와 적극적으로 교제해 보라는 것이었다. 싹싹하고 성실한 그녀는 아버지가 점찍어둔 며느릿감이었다. 아버지는 아들이 치과를 운영할 때 그녀가 운영책임자로서 적합하다고 생각했던 것이다.

자수성가는 아무나 할 수 있는 것이 아니다. 맨땅에 헤딩을 해서 사업 기반을 만들어내는 일이기 때문이다. 대부분 타고난 재능이 발휘되어야 한다. 그렇지 않으면 평범한 사람은 흉내 내기 어려운 집념과 성실함이 바탕이 되어서 이루어진 경우다. 그렇게 힘들게 사업을 일구어낸 부모들의 공통점 중 하나는 자신의 사업을 자식에게 물려주고 싶어 한다는 것이다. 자수성가한 부모의 존재가 자식에게는 축복이자 재앙이다. 부모의 사업이 자신의 재능이나 관심과 잘 맞으면 축복이 되고, 그렇지 않으면 삶이 매우 고달파질 가능성이 크다.

이어받은 사업에 자신의 색깔을 더하다

조명업체 대표인 정 사장은 아버지의 사업을 이어받은 또 다른 경우다. 정 사장의 아버지는 청계천 지역에서 30년 이상 조명 사업을 해왔다. 직원 몇을 두고 운영하는 소규모 회사였지만, 아버지의 성실함으로 관계를 맺은 고정 거래처가 다수 있어서 가족이 안정적인 생활을 하는 데 큰 어려움이 없었다.

정 사장의 아버지는 아들에게 자신의 사업을 넘겨줄 생각이 없었다. 힘든 일에 비해 남는 것이 많지 않고 크게 자부심을 가질 만한 일이 아니라고 생각했기 때문이다. 건축설계를 전공한 아들은 좀 더 큰일을 하기 바랐다. 그러나 정 사장의 생각은 달랐다. 아버지의 사업을 이어받아서 키워보고 싶었다. 대학을 졸업하고 건축설계회사에 입사해 일하면서 그 생각은 더 커졌다. 조명업체는 많았지만 건축설계자 관점에서 필요한 솔루션을 제공하는 조명업체는 찾기 힘들었기 때문이다.

정 사장은 5년간 일했던 회사에 사표를 던지고 아버지의 회사로 들어가 실무를 배우는 데 노력을 기울였다. 처음에는 우려하던 아버지도 아들이 함께 일하게 된 것을 내심 반겼다. 3년 정도 아버지 회사에서 일하면서 자신의 아이디어로 진행된 신상품들이 좋은 반응을 얻는 것이 정 사장뿐 아니라 회사의 직원들, 그리고 정 사장의 아버지에게도 큰 활력이 되었다.

5년 차가 되었을 때 정 사장의 아버지는 사업의 전권을 정 사장에게 넘겼다. 그리고 아내와 함께 해외로 장기간 여행을 떠났다. 아들에게는 네 마음껏 해보라는 말 외에는 아무런 요구도 하지 않았다. 정 사장은 사명부터 바꿨다. 그러나 완전히 새로운 이름은 아니었다. 아버지 회사의 이름을 거꾸로 배열해서 새로운 이름을 만들었다. 아버지 사업을 이어받되 시대의 변화에 맞추어 새로운 도전을 하겠다는 각오를 사명에 담은 것이다.

새로운 고객 발굴에도 힘을 쏟았다. 주로 업체에 납품하던 B2B의 골격을 유지하되, 새롭게 제안하는 아이디어 상품들은 일반 소비자에게 높은 가격을 받고 판매하는 B2C 영역을 개척한 것이다. 특히 아버지가 운영하던 시절부터 거래해 온 납품업체들이 정 사장의 아이디어가 가미된 상품들을 좋게 보며 B2B 영역이 더욱 공고해졌다. 아버지의 사업 기반 위에 새로운 가치를 더한 회사로 발전시킨 것이다.

아들에게 경험으로서 사업을 권유하다

병역을 마치고 복학을 앞두고 있던 J에게 아버지가 한 가지 제안을 했다. 복학을 1년만 미루고 아버지 일을 도와달라는 것이었다. 병역 기간에 매월 50만 원씩 적금을 들어서 모은 1000만 원을 종잣돈으로 해서 1년 내에 5000만 원을 만들어보자는 아버지의 제안에 귀가 솔깃했다. 아버지의 설명을 들어보니 방법이 구체적이고 실현 가능성이 높아서 냉큼 하겠다고 대답했다. J는 아버지의 사업을 이어받는 일에는 전혀 관심이 없었다. 단지 아버지의 부탁과 5000만 원이라는 목돈을 만들 수 있다는 제안에 마음이 흔들린 것이었다.

J의 아버지는 다른 생각을 가지고 있었다. 자신이 젊었을 때 배우지 못했던 돈에 대해 J에게 가르쳐주고 싶었고, 실제로 사업을 확장하는 데 J의 젊은 감각이 필요했기 때문이다. J의 아버지는 서두르지 않았다. 일단 운영하고 있는 대표 매장에서 J를 매니저로 일하게 했다. 그러면서 새로 론칭할 브랜드에 대한 대략의 방향을 제시한 후 J에게 다양한 아이디어를 내게 했다. 10여 년 사업을 해온 아버지의 경험과 J의 젊은 아이디어가 온전히 결합될 수 있다면 새로운 브랜드는 성공할 가능성이 컸다. 그러나 J의 아버지는 새로운 브랜드 론칭에 실패해도 괜찮다고 생각했다. J가 젊은 시절에 사업을 경험하는 것이 훨씬 더 값지다고 생각하기 때문이다.

2세는 대개 유리한 고지에서 출발한다

부모의 사업을 이어받아서 사장이 되는 것은 생각보다 유용한 면이 많다. 윤 원장은 아버지 소유의 건물에서 치과를 운영하기에 월세에 대한 고민이 전혀 없다. 아버지의 고객들이 그대로 자신의 고객으로 이어진 데다 아버지가 검증하고 훈련시킨 간호사 출신의 아내가 운영을 맡고 있어서 경영에 대한 고민도 거의 하지 않는다. 본인은 환자 치료에만 집중하면 된다.

물론 한 달에 한두 번 방문해서 치과 운영을 점검하는 아버지가 다소 부담스럽긴 하지만 그 정도는 어렸을 적 아버지로부터 받았던 수많은 압력과 지시들에 비하면 아무것도 아니다. 스스로 성취한 것은 아니지만 아버지가 성취한 사업을 잘 지켜낸다는 것으로도 의미가 있다고 생각한다.

아버지의 조명회사를 한 단계 발전시킨 정 사장은 흐뭇한 미소를 짓게 한다. 아버지가 살아온 삶도 인정하는 동시에 정 사장의 존재감이나 성취감을 더한 사례다. 이뿐만 아니라 사회적으로도 유익한 형태다. 아버지의 성실함에 아들의 재능이 더해진 형태여서 자신의 사업을 자식에게 물려주길 원하는 사장이라면 기억하고 참고해 볼 좋은 모델이다. 단, 정 사장이 아버지 사업과 관련 있는 건축설계를 전공했고, 5년간 건축설계회사에서 일하면서 새로운 기회를 포착했으며, 아버지 회사에서 3년간 일하면서 그 역량을 확인했다는 사실을 간과해서는 안 된다.

J의 아버지는 J에게 억지로 사업을 물려줄 생각은 없다. 그러나 J가 사업에 재능을 보이고 관심을 가진다면 현재의 사업에 어

떤 형태로든 J를 참여시킬 의사가 있다. J는 어리고 경험도 일천하지만 아버지 덕분에 사업에 대한 구체적인 경험을 할 수 있게 되었다. 또한 아버지의 의도적인 노력을 통해서 성실함으로 목돈을 만들고 그 돈을 종잣돈 삼아 더 많은 돈을 모으는 훈련을 자연스럽게 하고 있다. 향후 J가 아버지의 사업에 참여하든 다른 일을 하든 복학하기 전까지 1년간 쌓은 경험은 삶의 큰 자산이 될 것이다.

2세의 과제, 자신만의 사업 근육을 만드는 것

자수성가한 부모를 둔 경우에 자신의 관심과 재능을 부모님의 사업과 연계할 수 있는 상황이라면 일찍부터 사장으로 사는 것에 적극적인 태도를 가질 필요가 있다. 단, 부모가 만들어놓은 사업의 열매를 따는 일에만 치중하지 않도록 조심해야 한다. 대부분의 사업은 기반을 만들기까지의 과정이 험난하며 그 기간을 통해서 사장의 근육이 만들어지기 때문이다. 이미 궤도에 오른 사업을 운영하는 것만으로는 사장으로서 자신만의 근육을 만들기가 힘들다.

사장의 근육을 만들지 못한 상태에서 외부 환경의 변화나 기업 내부에 문제가 생기면 사업 기반이 쉽게 훼손될 수 있다. 따라서 부모님 사업의 본질이 무엇인지 해석하고, 그것을 기반으로 외부의 어떤 기회에 집중할지 생각해야 한다. 그에 걸맞은 목표와 전략을 수립하고 실행하는 과정을 통해 2세 사장으로서의 근육이 만들어진다.

2세 사장이 기반 없이 사업을 시작하는 초보 사장들에 비해서 유리한 점은 크게 두 가지다. 하나는 생존의 단계를 고민하지 않아도 되는 것이며, 또 하나는 자신의 아이디어를 전략으로 전환할 수 있는 자원resources이 마련된 상태에서 시작할 수 있다는 것이다. 자수성가한 부모를 둔 자식으로서 사장의 삶을 살기 원한다면 이러한 유리한 조건을 십분 활용할 수 있는 방식을 꾀하길 바란다.

06 대기업 임원 그리고 3년

———————— 대기업에서 근무하다가 임원이 되는 것은 군대에서 별을 다는 것과 유사하다. 독립된 사무실, 비서, 차량 등 일반 직원일 때와는 판이하게 다른 대우를 받는다. 그러나 임원이 된다는 것은 더 이상 정규직으로 안정적인 직장 생활을 할 수 없다는 사실을 의미한다. 실제로 대부분 임원은 1~3년 계약직이다. 이사, 상무, 전무, 부사장 등을 거쳐서 사장이 되는 사람은 극소수다. 그래서 임원들은 직장 생활을 마친 후에 어떤 삶을 살아야 할지 자의로든 타의로든 계획하지 않을 수 없다.

임원 출신 사장의 과제

강 이사는 4년간의 임원 생활을 마치고 회사를 떠나게 되었다. 강 이사는 퇴사와 동시에 건물 청소와 비품 관리를 하는 회사를 만들었다. 초기 일감은 30년간 일했던 회사에서 얻을 수 있었다. 강 이사의 꼼꼼한 성격과 성실한 태도를 인정한 회사에서 그렇게 하도록 배려한 것이다.

곧 이사에서 사장으로 호칭이 바뀌었다. 강 사장은 지인의 소개를 받아서 관련 업무를 오랫동안 해온 사람들을 채용하고 그들이 주도적으로 일하게 했다. 사장으로서 자신의 역할은 주로 일감을 잡아 오는 것이었다.

강 사장은 이사로 일할 때보다 훨씬 단순한 생활을 반복하게 되었다. 이전 회사에서 배려해 준 일 외에 새로운 일감을 가져오는 것이 생각보다 쉽지 않았다. 무엇보다 오랫동안 해왔던 일과는 관계없는 청소용역 일이 즐겁지 않았다. 그래도 직장 생활을 할 때보다 시간 사용이 자유롭고, 월급을 받던 입장에서 월급을 주는 입장이 되었다는 것에 다소 보람을 느낀다.

대기업에서 임원으로 근무하다 퇴사하는 경우, 1~2년간 별다른 일을 하지 않으면서도 어느 정도 보수를 받을 수 있는 일자리를 제공받거나 강 사장처럼 일정 기간 일감을 떼어 받기도 한다. 그러나 그 기간은 길어야 2~3년이다. 3년을 넘기는 경우는 드물다. 강 사장은 그 기간 내에 독립된 회사로서 경쟁력을 갖추어야 한다. 만약 그렇지 못하면 그 회사는 오래가지 못한다.

안정적 일감이 주어진 창업 초기에 적극적으로 회사의 기반을 다지도록 노력해야 한다. 이사로 근무하던 시절의 화려함은 잊고 창업자로서 적극적인 자세를 갖추어야 한다. 초기 2~3년 안에 경쟁 시장에서 존립할 수 있는 회사로 만들지 못하면 몇 년 열매를 따 먹히고 버려지는 나무가 되기 십상이다.

인생의 전환점에 선 임원의 고민

IT 연구원 출신으로 대기업 임원 3년 차인 성 이사는 자신의 회사를 만들기로 결심했다. 조직 생활에서 한계를 느끼기도 했고, 자신의 기술적인 안목과 다양한 기술을 가진 맨파워manpower들을 활용하기에 지금이 최적의 시기라고 판단했기 때문이다. 자신의 전공이자 시장에서 수요가 늘어가고 있는 모바일 영역에서 아이템을 찾고, 산하 연구소에서 근무하다 퇴직 또는 전직한 기술 인력들을 최대한 활용할 생각이다. 목표는 자신이 만든 회사를 코스닥에 등록하는 것이다.

성 이사는 회사를 만들면서 아내에게 다수의 지분을 갖게 하고, 같은 분야에서 일하다 조기 퇴직한 1년 후배를 대표로 세웠다. 성 이사 본인은 현재의 위치를 고수하면서 업계 정보를 수집

하고 적절한 인력을 충원하는 역할을 담당하기로 했다. 직접적으로 회사 경영에 참여하는 것은 주말이나 휴가 기간을 활용했다. 다행히 성 이사 자신이 현재 회사에서 꼭 필요한 상황이라 향후 몇 년간은 임원의 자리가 유지되리라 생각했고, 창업 사실이 현재 근무하는 회사에 알려져도 큰 문제가 생기지 않으리라고 판단했다.

성 이사가 만든 회사는 7년 후에 코스닥에 등록되었다. 처음 계획대로 된 것이다. 지금 성 이사는 고민하고 있다. 자신의 회사에 경영자로 들어갈지 아니면 현재의 위치를 지킬지…. 7년간 경영을 맡아온 후배가 사장 역할을 잘해주고 있고 10여 년간 기술이사로 일해온 데 익숙해져 있기 때문이다. 만약 자신이 경영 전면에 나서면 현재 대표인 후배와의 갈등이 생길 수 있을뿐더러 기술이사가 아닌 경영자로서의 삶을 준비해야 한다. 다른 사람에게는 행복한 고민처럼 보이지만 성 이사에게는 힘든 결정이다. 사장이 된다는 것은 퇴로가 없는 전쟁터로 들어가는 일임을 잘 알고 있기 때문이다.

사장으로 인생의 후반전을 시작한다

금융계 대기업에 근무하는 이 상무는 이번 임기가 끝나면 퇴사할 예정이다. 현재의 회사에서는 더 이상 자신의 역할을 확대

할 수 없다고 생각했고, 마침 창업 3년 차 금융계 기업의 대표로 일하는 대학 선배가 부사장 자리를 제안했기 때문이다. 회사 규모나 보수를 생각하면 어떻게든 현재 회사에서 방법을 찾는 편이 더 나을 수 있지만, 책임 있는 경영자로서의 삶을 경험하기는 어렵다고 생각했다. 옮기려는 회사의 대표인 선배와 힘을 합치면 오너 경영자로서의 위치도 확보할 수 있겠다는 판단도 더해졌다.

이 상무는 사장이 되고 싶었다. 위치만 사장이 아니라 자기 철학을 가지고 회사를 경영하는 진짜 사장이 되고 싶었다. 그래서 지금까지 어떤 일이 주어지든 스스로 사장이라는 생각으로 일해왔다. 진급이 다른 사람에 비해 빨랐던 것도 그 이유일지 모른다. 이 상무는 언젠가 자신에게 기회가 찾아오리라고 믿었고 지금이 그때라고 판단했다.

이 상무는 현재 회사에서 상당히 인정받는 사람이다. 그래서 회사는 이 상무의 결정을 아쉬워하며 조금 더 함께하자고 권유했다. 그러나 이 상무의 태도는 분명했다. 자신의 철학을 바탕으로 경영하는 진짜 사장의 길을 선택했다. 물론 그 상황이 되기까지는 몇 단계 고비를 넘겨야 한다. 그 과정에서 의도치 않은 일들이 벌어질 수 있고 자신이 원하는 상황에 들어가지 못할 수도 있다. 그러나 퇴사를 보름 앞둔 이 상무의 마음은 첫사랑을 할 때처럼 들떠 있다. 50대의 나이에 최선을 다해서 마음껏 일할 수 있는 환경이 주어졌다는 것만으로도 감사해한다. 나 또한 이 상무가 새로운 회사에서 사장으로 활약할 때를 기대한다.

진짜 사장으로 거듭나는 변곡점 기간, 3년

대기업에 입사하기는 힘들다. 하지만 그보다 더 어려운 일이 있다. 10년, 20년을 일하면서 임원이 되는 것이다. 외부에서 보기에 대기업 임원은 화려하고 부러운 직함이지만 실제로는 밤낮없이 일하는 매우 힘든 자리다. 그래서 임원 생활을 마치는 사람 대부분은 인생 후반전에 휴식, 가족, 봉사 등 일이 아닌 인생의 가치를 지향한다.

그러나 몇몇 사람들은 사장으로 인생 후반전을 시작한다. 강 이사처럼 현재 회사와의 관계를 활용해서 사장이 되기도 하고, 능력 있는 성 이사처럼 현재 위치를 활용해서 자기 회사를 만들기도 한다. 이 상무처럼 외부에서 주어진 기회와 자신의 준비를 연결해서 새로운 도전에 나선다.

동기와 방식은 다르지만 대기업 임원을 마치고 자기 사업을 시작하는 경우에 대부분 3년이 분수령이 된다. 퇴직 후 2~3년은 임원이었던 때의 영향력을 활용할 수 있지만, 보통 3년을 기점으로 더 이상의 도움을 받지 못한다. 따라서 3년 내에 독립적으로 회사를 유지할 수 있는 기반을 만들어야 하고, 그 기간을 활용해서 사장으로서 핵심 역량을 확보해야 한다. 그리하여 임원 퇴직 후 3년은 진짜 사장으로 거듭나는 변곡점이 된다.

실전 TIP 2.

타조가 날 수 없는 이유는 날개 근육이 없기 때문이다

오랜 기간 전문성을 가지고 일하던 분야에서 사업을 시작하면 유리한 점이 많다. 다른 사람은 많은 노력과 비용을 들여야 하는 일을 쉽고 능숙하게 수행할 수 있기 때문이다. 그래서 4~6장의 사장들은 다소 여유로워 보인다. 최소한의 생존 문제는 해결한 상태에서 사업을 시작하기 때문이다.

이들의 핵심 고민은 자신의 현재 역량을 어떤 틀에 담아낼 것인가다. 자신이 가장 잘할 수 있는 일을 차별성을 가지고 지속할 수 있는 방식을 찾아내야 한다. 울타리와 보호막을 걷어낸 상태에서 어떻게 사장의 근육을 만들고 키워갈지도 고민해야 한다. 이미 확보한 사업적 위치(전문가, 임원, 후계자)만으로는 부족하다. 진짜 사장으로 서기 위해서는 사장의 근육을 만들고 키워야 한다. 사장의 근육을 만들고 키워가는 것이 사장으로서 살아가며 마주하는 핵심 과제가 된다. 그렇다면 사장의 근육이란 무엇이며 어떻게 키울 수 있는지 생각해 보자.

날개를 움직일 수 있는 날개 근육을 가져야 한다

타조에게는 꽤 큰 날개가 있지만 날지는 못한다. 15분 이상 시속 50킬로미터로 달리고, 질주할 때는 시속 70킬로미터의 속도를 내지만 여전히 날지는 못한다. 타조는 깃털만 있지 조류와는 거리가 멀다. 용골돌기가 없는 편평한 가슴뼈 구조와 요추가 없는 구조는 오히려 공룡과 비슷하다.

타조의 깃털은 하늘을 나는 일과는 전혀 상관이 없다. 더울 때 부채질을 해서 몸을 식히고, 뒤로 갈 때 천천히 날갯짓으로 균형을 잡으며, 빨리 달리거나 몸을 돌릴 때 중심을 유지하기 위해 사용될 뿐이다. 이처럼 날개가 있지만 날지 못하는 새를 주금류走禽類라 부른다. 겉으로 보기에는 깃털이 있어서 다른 새와 비슷해 보이지만 날개 근육이 없는 신체 구조여서 빨리 달릴 수는 있어도 하늘을 날 수는 없다. 즉, 타조가 날 수 없는 이유는 날개가 없어서가 아니라 날개 근육이 없기 때문이다.

사장이 되려면 날개를 움직일 근육이 있는 신체 구조를 만들어야 한다. 그리고 먼 거리를 날 수 있도록 날개 근육을 강하게 발달시켜야 한다. 사장의 근육이란 하늘을 날 수 있는 강한 날개 근육을 말한다. 조직에서 주요 역할을 하는 것(인정받는 것, 큰 보수를 받는 것 등)과 자신의 날개 근육을 만들어 튼튼하게 키우는 노력은 차원이 다르다. 타조가 아무리 빨리 달릴 수 있어도 하늘을 날 수 없는 것과 같다.

개인적으로 6장에서 코스닥 등록에 성공한 성 이사의 고민이 가슴에 다가온다. 이미 성공을 거두고 있는 기술이사의 삶을 계속할 것인지 아니면 경영자로서의 삶을 본격적으로 시작할 것인지의 문제이기 때문이다.

이 밖에도 나는 5장에서 아들인 정 사장에게 30년간 운영하던 회사를 맡기고 장기 해외여행을 떠나는 아버지의 뒷모습에서 정 사장이 강한 날개 근육을 가진 존재로 성장하기 바라는 마음을 느낀다. 4장에서 프리랜서로 독립한 A 실장이 역량 있는 전문가에서 1인 기업가로, 또 전문가 그룹을 이끌 사장으로 자신을 발전시켜 나가는 과정을 기대한다.

자신에게 적합한 날개 근육 만들기

사장에게는 사장의 근육이 필요하다. 사장의 근육을 만드는 과정에 정답은 없다. 자신의 체질을 고려해 스스로 적합하다고 판단되는 방식을 찾아가는 것뿐이다. 이는 생존의 모습으로 나타나기도 하고, 시스템을 갖추기 위해 투자하는 모습으로 나타나기도 한다. 이전에 구축했던 기반을 모두 잃을 수 있는 위험을 감수하면서 사업 전반을 재조정하는 모습으로 나타나기도 한다.

사장의 근육을 만드는 과정에서 다른 사람의 도움은 제한적이다. 외부의 도움으로 만들어진 근육은 보기에 좋을지 몰라도 결정적 순간에는 큰 힘을 발휘하지 못한다. 사장의 근육은 사업의 전 과정을 통해서 사장 스스로 단련해야 한다. 사장의 위치에서 자신의 능력과 의지로, 자신의 색깔과 철학을 가지고 키워야 한다. 모든 사장은 이 과정을 통해서 진짜 사장으로 성장해 간다.

07 자기 사업으로 사회생활을 시작하다

———— 사회생활을 자기 사업으로 시작하는 경우가 많아졌다. 기사로 종종 접할 수 있는 20대 사장들이다. 자기 눈에 기회로 보이는 일에 몸을 던지거나 처음부터 사업을 하겠다는 욕구를 가지고 시작한 경우다. 가진 것도 없지만 잃을 것도 없고 두려움도 없기에 가능한 일이다. 사업에 대해서 잘 모르기 때문에 오히려 사업을 시작할 수 있다는 점이 아이러니다.

봉사활동에서 사업 기회를 찾은 대학생

대학생인 K는 농촌에 봉사활동을 갔다가 농사가 적성이라는 사실을 깨달았다. 본래 활동적인 성격에 사업에도 관심이 많아서 고등학교 때는 친구들과 함께 웹사이트 제작회사를 만들어 운영하기도 했었다. K는 농사일을 해보자는 결심이 서자 상품으로 상추를 선택했다. 씨만 뿌리면 자라는 데다 한 번 따고 며칠 지나면 다시 자라는 농산물이라 생각했기 때문이다.

K는 농활을 갔던 지역에서 땅 주인의 허락도 받지 않고 도둑 농사를 지었다. 그런데 그렇게 재배하기 쉽다던 상추가 싹도 나지 않았다. 땅을 파고 씨를 심어야 했는데 그냥 뿌렸기 때문이다. 다시 씨를 심었다. 이번에는 일렬로 자라야 할 상추가 정글처럼 우거졌다. 농사일 자체는 즐거웠지만, 경험도 지식도 없이 심지어는 땅도 없이 농사를 짓는다는 건 어려운 일이었다. K는 직접 농사를 짓기는 힘들고 대신 유통은 할 수 있겠다고 생각했다. '도시의 고깃집에 연중 같은 가격으로 상추를 공급하면 어떨까?'

실제로 한겨울 상추의 값과 한여름 상추의 값은 5배까지 차이가 났다. 고깃집에서 꼭 필요한 채소인 상추 가격의 등락은 장사하는 입장에서는 대처하기 힘든 상황이기에 '사시사철 같은 가격으로 공급한다'는 조건이 환영받을 수 있겠다고 생각했다. 상추를 재배하는 농장에는 여름에는 싸게 공급하고, 나머지 계절에는 제값을 받을 수 있는 방식이라고 설득해 거래를 시작할 수 있었다.

문제는 거래처를 확보하는 일이었다. 서울 중심가 고깃집에 영업을 시작한 지 8개월 만에 첫 거래처가 생겼다. 고깃집을 확보하는 것도 힘들었지만 계속해서 상추를 안정적으로 공급받기 위해서는 매월 일정 금액의 상추를 구매해야 했다. 그 사이에서 생기는 손해를 다른 장사를 해서 채웠다. 월 수익 70만~80만 원이 되기까지 2년이 걸렸다.

딱 거기까지가 힘들었다. 서울의 거래처와 농촌 공급처에서 K에 대한 신뢰가 쌓이면서 매출이 급속도로 늘었다. K는 상추 유통에 고춧가루 유통을 더하면서 사업 규모를 키웠고, 사업을 하면서 10년 넘게 대학을 다녔지만 지금은 연매출 30억 원을 올리는 회사의 사장이 되었다.

패기만으로 사업에 뛰어든 세 청년

흰색 주방장 모자를 쓴 청년들이 서울 남대문 상가를 돌면서 힘찬 인사와 함께 주먹밥을 전달한다. “사장님, 이모님, 누님, 형님! 아침 드시고 나오십니까? 못 드시고 나오시면 말씀하세요. 새벽마다 금방 만든 주먹밥을 배달해 드립니다.” 주먹밥 전문점 ‘웃어밥’의 청년 창업자 세 명은 지방대 출신으로, 본래 IT 스타트업을 꿈꾸며 서울로 올라왔다. 그러나 스마트폰 애플리케이션 개발로 기존 업체들과 경쟁하기는 어렵겠다고 판단했다.

세 청년은 IT 아이템을 마음에서 지우고 당장 돈을 벌 수 있는 사업을 하기로 의견을 모았다. 경험도 자본도 없이 시작하기에는 먹는 장사가 좋을 것 같았다. 창업을 준비하러 돌아다니는 동안 아침을 못 먹고 다니는 사람들을 숱하게 보았기 때문이다. 그들에게 주먹밥을 팔면 승산이 있겠다고 생각했다.

세 사람은 각각 떡볶이 체인점, 타코 맛집, 카레 전문점에서 아르바이트를 시작했다. 월세 40만 원짜리 자취방에서 합숙하며 일하면서 보고 느낀 것들을 밤마다 토론했다. 그렇게 주먹밥을 만들고 파는 전 과정을 계획했다. 그들의 전략은 길거리 장사지만 당당한 태도를 보이는 것이었다. 그래서 처음 주먹밥을 팔기 시작할 때 호텔 주방장들이 입는 조리복을 입고 나섰다. 바로 대박이 날 줄 알았는데 첫날에는 겨우 40개를 파는 데 그쳤다. 뭔가 새로운 어필 방식이 필요했다.

그래서 다음 날부터 '식사하셨어요? 오늘도 웃어밥'이라고 쓴 깃발을 세워놓고 큰 목소리로 행인들에게 인사했다. 시험 기간에 지나가는 학생에게는 "시험 잘 보세요!", 직장인에게는 "긍정의 힘으로 오늘 하루 즐겁게!" 등 기분 좋게 하루를 시작할 수 있는 구호와 밝은 미소를 전했다. 그러자 점차 판매량이 늘어나더니 하루 200개 이상을 팔게 되었다.

그들은 결국 노점 장사 4개월 만에 8평짜리 가게를 얻었다.

이후 시내 중심가에 주방과 카운터만 있는 2평짜리 2호점도 열었다. 그런데 판매된 열 개 중 다섯 개가 배달이었다. 그래서 배달에 집중했다. "단체로 시키면 아침마다 가져다드리겠습니다." 낮에 예약을 받아서 다음 날 새벽에 가져다주는 방식이다.

주먹밥은 간단한 음식처럼 보이지만 재료가 수십 개에서 많게는 100개가 넘는다. 닭고기는 경동시장, 돼지고기는 마장동, 김은 중부시장 등 신선한 재료를 저렴하게 살 수 있는 곳에서 장을 보고 이른 새벽에 일어나서 셋이 함께 주먹밥을 만든다. 아침, 점심 장사를 한 뒤에 다시 장을 보고 영업을 나가고 재료를 다듬는다. 그렇게 고된 매일을 반복한다.

2011년 길거리 장사로 사업을 시작한 이래로 10여 년의 시간이 훌쩍 지났다. 이제 '웃어밥'은 길거리 주먹밥을 넘어서 조식 배달 서비스를 특기 삼아서, 300여 개 기업의 조식과 다양한 형태의 단체 주문을 소화하는 전문 기업으로 성장했다. 그들은 계속 발전하며 사업을 성장시키는 중이다.

엘리트 코스에서 사업의 길로 이탈하다

어려서부터 무언가를 만들고 글 쓰는 것을 좋아했던 조 사장은 공무원이었던 아버지의 뜻을 따라 법대에 진학했다. 작가나 기자가 되고 싶었지만 부모님의 바람을 거역하기 어려웠다.

법대 졸업 후에는 로스쿨 진학이 당연한 일처럼 여겨졌다. 그러나 로스쿨에 합격한 후 진로를 바꾸기로 결심했다. 변호사가 적성에 잘 맞지 않는다는 생각과 1억 원 정도 예상되는 학비와 생활비가 낭비처럼 느껴졌기 때문이다. 우연히 주목하게 된 비즈니스 기회를 놓치기도 싫었다. 조 사장은 부모님을 어렵게 설득하고, 자신의 창업 계획에 함께해 줄 두 명의 동업자를 확보했다.

조 사장이 주목한 아이템은 바로 호텔 당일 예약이었다. 유명 5성급 호텔의 공실률이 30퍼센트, 이하급 호텔이 50퍼센트라는 점에 주목했다. 세 명이 구역을 나눠 찾아가고 또 찾아갔다. 조 사장은 강남 지역 호텔 100곳을 담당했다. 대부분 호텔에서 문전박대를 당했지만 끈질기게 설득했다. 새로운 서비스가 호텔의 매출을 올려줄 수 있음을 강조했다. 다행히 서비스 론칭 전까지 웬만한 호텔은 모두 계약할 수 있었다.

가장 힘들었던 것은 서비스 앱을 개발하는 과정이었다. 외주 개발을 진행하다가 차질이 생겨 앱 없이 전화로 예약을 받으면서 서비스를 시작해야 했다. 당일 객실이 오픈되는 시간이 자정이어서 밤새도록 전화만 받았다. 결국 앱 개발자를 고용해서 서비스 오픈 3개월이 지나서야 자체 앱을 출시할 수 있었다.

2년여의 경영으로 회사가 궤도에 오르자 모텔 예약 사이트를 운영하는 기업에서 인수 제의가 들어왔다. 모텔과 게스트하우스 예약에 강점을 가진 기업에서 호텔 당일 예약 서비스를 하는 조 사장의 회사에 매력을 느꼈기 때문이다. 많은 고민을 하다가 매각을 결정했다. 인수 회사로부터 경영에 간섭하지 않는 것과 직원의 고용 승계를 약속받았다. 문과 출신이라 재무, IT 등에 문외한이었지만 불편함을 해소하는 괜찮은 서비스를 만들어보겠다는 조 사장의 시도는 매우 성공적으로 마무리되었다.

틈새시장을 찾는 젊은 감각

권 사장은 대학을 졸업하고 1인 출판사로 사업을 시작했다. 그냥 출판을 하고 싶어서, 해볼 만하다고 생각해서 시작했다. 사람들의 라이프스타일 관련 정보를 엮어서 유용한 책을 만들겠다는 각오로 관련 단어를 축약해서 출판사 이름을 정했다.

기획은 본인이 하지만 편집이나 디자인은 외주를 주었다. 권 사장은 괜찮은 콘텐츠에 대한 자신의 감각을 믿었다. 하지만 그 외의 영역들은 사람을 통해서, 자료를 통해서, 모임을 통해서 끊임없이 배워갔다. 10만 부 이상 판매된 책도 생겼다. 물론 실패하는 책도 많았다. 그러나 출간하는 책의 종류가 많아지면서 손해가 나지 않는 출판에 대한 노하우를 쌓아갈 수 있었다.

권 사장은 온·오프라인 서점을 통해서 책을 판매하는 것 외에도 자신이 만드는 도서의 콘텐츠가 유용하게 사용될 수 있는 기업들과의 제휴를 통해 도서를 상품 판매의 홍보물로 활용하도록 제안했다. 책을 구매한 독자들이 책 속에 소개된 재료 등을 구매할 수 있도록 연결점을 만들어 큰 반향을 얻기도 했다.

창업 7년 차에 권 사장은 독자들의 꾸준한 반응을 얻을 수 있지만 출판업계는 주목하지 않는 영역을 찾아내 그 영역에 집중할 출판 브랜드를 별도로 만들었다. 그렇게 만들어진 책들이 평균 몇만 부씩 꾸준히 팔렸다. 돈에 여유가 생겼다. 그러나 그 여유를 오늘을 누리는 데 쓰고 싶지 않았다. 해외에서 열리는 북페어에 참석해서 새로 만든 출판 브랜드에 적합한 콘텐츠의 라이선스를 구매해 잡지를 발간하기 시작했다. 독자가 방문해서 강좌를 듣고, 권 사장의 출판사가 아닌 다른 출판사에서 발간된 책과 자료도 함께 구매할 수 있는 오프라인 서점도 열었다.

창업 첫해에 3~4권을 출간했는데 이제 1년에 20~30권을 출간하며 격월 잡지도 발간하고 있다. 외주로 진행하던 일들은 필수적인 직무를 중심으로 직원을 채용해 일하고 있다. 권 사장 자신은 회사의 지속적인 성장과 운영을 위해 경영 수업을 별도로 받고 있다. 10년 전 출판을 하고 싶다는 생각으로 창업해서 시행착오와 성공을 경험했고, 5년 전 출판 시장의 틈새를 찾아서 전략적으로 사업을 키워가고 있는 권 사장의 시도는 멈추지 않고 진행 중이다.

사업가에게 젊음보다 큰 축복은 없다

상추를 연중 동일한 가격으로 고깃집에 공급한다는 아이디어로 사업을 시작한 K, 현실적인 이유로 IT 스타트업을 포기하고 길거리 주먹밥 판매부터 시작해서 지금은 조식 및 단체 배달 전문 기업으로 발전시킨 세 청년 사장, 호텔 공실률을 기회로 삼아서 호텔 당일 예약 서비스를 도입한 조 사장, 자신의 감각을 믿고 출판 일을 시작해서 7년여의 시행착오 끝에 출판업계의 틈새시장을 찾아낸 권 사장에게는 공통점이 있다. 경험 없이 시작했고 일하면서 배워갔다는 것이다.

이 과정에는 단순히 성실하다고 표현하기에는 부족한… 좀 더 묵직하고 투철한 자세와 노력이 배어 있다. 이러한 상황이 40~50대에 벌어졌다면 '절실함'으로 표현될 수 있겠지만, 이들은 모두 20대였기에 그 과정이 '발랄함'으로 다가온다. 이들 청년 사장들의 사업적 성과를 어떻게 평가할 수 있을까?

재무적으로는 호텔 당일 예약 서비스 회사의 지분을 넘기면서 100억 원대의 목돈을 챙긴 조 사장이 가장 성공한 것처럼 보인다. 창업부터 지분 매각 단 3년 만에 이룬 일이라 더욱 그렇다. 상추에서 시작해서 특화된 농산물 유통회사를 운영하고 있는 K도 어느 정도 회사의 기틀을 잡았다고 평가할 수 있다. 일반 출판에서 특화된 영역의 출판으로 시장을 좁히고 그 시장에서 새로운 시도를 하고 있는 권 사장은 창업의 단계를 지나서 성장을 위한 첫 번째 점핑 과정을 수행하고 있다. 주먹밥 아이템으로 사업 기반을 만들고 벌써 두세 번의 점핑을 통해 사업을 키워가는 세 청년 사장에게도 큰 박수를 보낸다.

20대의 창업은 재무적 성과만으로 평가하기에는 다소 아쉬움이 있다. 모든 것이 진행형이기 때문이다. 젊은 시기에 사업을 시작했기에 성공뿐만 아니라 실패도 큰 의미가 있다. 비즈니스 자체가 성공과 실패를 반복하는 게임의 성격을 가지기 때문이다. 사업적으로도 그렇지만 인생이라는 틀에서 본다면 앞서 언급한 여섯 명의 사장들은 모두 승리자다. 그들은 모두 용감하게 시작했고 기회에 집중했고 장애물을 극복하는 실천적 아이디어와 전략으로 어려운 상황들을 풀어냈다. 그들은 그 과정에서 얻은 기반을 토대로 또 다른 기회를 찾아서 집중할 것이다.

막 시작하는 젊은 사장에게 전하는 여섯 가지 조언

20대의 창업, 즉 자기 사업으로 사회생활을 시작하려는 경우 몇 가지 유의할 사항이 있다. 첫째, 틈새시장을 공략해야 한다. 가지고 있는 자원이 제한적인 상황에서 전면전은 무조건 실패한다. 기회가 보이는 틈새에 집중해야 한다. 이미 성숙한 시장이라도 고객 관점에서 생각하면 항상 틈새가 있기 마련이다.

둘째, 기존의 업체들이 하는 방식 말고 자기 방식으로 해야 한다. 가장 고객 친화적이고 자신의 강점을 활용하면서 제한된 자원을 충분히 활용할 수 있는 방식으로 상품을 구성하고 홍보하고 경영해야 한다.

셋째, 작게 시작하는 것이 바람직하다. 처음부터 빚을 내거나 투자를 받아서 사업을 시작하는 일은 피해야 한다. 자신의 아이디어를 실현하는 데 꼭 필요한 만큼의 자금으로 시작할 것을 권한다. 그래야 몸으로 뛰고 아이디어를 짜낼 수 있다.

넷째, 실패가 자양분이 될 수 있는 방식으로 진행하라. 처음 시작한 사업이 바로 성공하는 경우는 드물다. 몇 번의 실패와 시행착오를 바탕으로 새로운 접근 방식을 찾아내면서 성공 확률을 높여가는 것이다. 그 과정에서 사장의 근육이 만들어진다.

다섯째, 철저하게 기회에 집중하라. 일을 진행하다 보면 처음 의도와는 다른 선택을 해야 하는 많은 이유가 생긴다. 주변 환경에 영향을 받아서 기회에 물타기를 하면 안 된다. 자신이 보았던 기회에 집중하고, 그 기회를 살릴 수 있는 방식을 찾아내야 한다.

여섯째, 성공의 기준을 미리 마련하라. 사업은 확장의 속성을 가졌고 한번 시작하면 멈추기 어렵다. 40~50대라면 사업이 탄력을 받을 때 더 치고 나가야겠지만 20대는 자신의 인생 측면에서 한 번 더 생각해 볼 필요가 있다. 궁극적으로 사업이 삶이 되지 못하고 돈만 되면 삶의 끝이 망가질 가능성이 크기 때문이다. 처음 설정한 성공의 기준에 도달하면 사업을 확장할 것인지 멈추거나 인계할 것인지 곰곰이 생각해야 한다.

20대의 창업에서 가장 크게 얻을 수 있는 것은 사장으로서의 경험이다. 실패와 시행착오와 성공 모두 사장의 근육을 만드는 경험이 된다. 자신의 3년 경험이 책에서는 한 문단의 글로 요약되고, 5년의 시행착오는 다른 사람에게는 3분짜리 강의 소재밖에 되지 않는다. 즉, 간접 경험을 통해서는 사장의 근육을 만들 수 없다는 뜻이다. 그러나 스스로 사장의 근육을 만들었던 경험을 가진 사람은 책의 모퉁이 글, 강연에서 듣게 되는 사례, 경험자의 조언에서 사장의 근육을 강화시킬 수 있는 모티브를 쉽게 얻을 수 있다.

만약 첫 사업에서 금전적 성과를 얻었거나 사업적 기반을 얻었다면 삶에서 유리한 위치에 선 것이다. 현재의 사업이 자기 삶의 가치와 부합하고 자신의 정체성identity이 될 수 있다고 판단했다면 본격적으로 사장으로서 삶을 시작할 수 있다.

08 세상에 떠밀려 사장이 되다

——————— 대학을 졸업하고 27년간 근무했던 회사에서 퇴직한 석 부장은 퇴직 바로 다음 달에 대기업 계열 프랜차이즈 가맹점을 오픈했다. 몸에 밴 성실함과 일 외에는 다른 것에 눈을 돌리지 않는 고지식한 성격의 석 부장은 30년 가까운 세월을 회사에 바쳤다. 석 부장의 아내는 몇 개월이라도 쉬었다가 시작하라고 했지만, 쌓아놓은 재산도 없고 자녀들도 학업 중이라 매월 고정 수입이 필요했기에 쉬는 것은 사치라고 생각했다.

"은퇴하면 치킨집 차린다"라는 말이 현실이 될 때

석 부장은 퇴직금과 대출금으로 3억 원 정도를 융통해 샌드위치 전문점을 시작했다. 일했던 회사에 유통 부문이 있어서 관리자로 일한 경험은 있지만 현장에서 직접 제품을 만들고 주문받고 배달하는 일은 처음이었다. 그러나 시간제 아르바이트 여덟 명을 고용하고 아내와 교대로 근무하면서 쉬는 날 없이 일하는데도 실제 손에 쥐는 돈은 부장 때의 급여에 못 미쳤다.

회사 다닐 때도 힘든 부분이 많았다. 하지만 막상 장사를 해보니 차원이 다른 어려움을 겪었다. 일단 쉬는 날이 없다. 가게를 오픈한 지 1년이 넘었는데 가족이 함께 쉰 적이 하루도 없다. 목이 괜찮은 자리여서 월세 부담이 큰 탓에 하루만 쉬어도 수익에 큰 영향을 미치기 때문이다. 그래서 휴가는 엄두도 못 낸다. 일하는 직원들은 돌아가면서 쉴 수 있지만 사장은 쉴 수 없다는 사실을 장사를 하면서 처음 알게 되었다.

최근 인근 지역 활성화로 매장 앞 유동인구가 늘어나면서 매출이 다소 늘었다. 그런데 옆 가게가 재계약하면서 월세를 30퍼센트 올린다는 통보를 받고 건물주와 다투는 모습을 보았다. 월세가 높은 탓에 상가임대차보호법의 보호도 받지 못한다. 10개월 후 재계약 때 월세를 얼마나 올려달라고 할지 벌써부터 가슴이 울렁거린다.

하지만 제일 힘든 것은 직원 관리다. 일단 인건비가 큰 부담이다. 주휴수당에 4대 보험까지 계산하면 명목임금의 130퍼센트가 실제 지출이다. 1년 이상 근무한 직원에게 지급할 퇴직금까지 계산하면 거의 140퍼센트에 육박한다. 그래서인지 예전에는 옆집 이야기처럼 들리던 노사정 최저임금 협상에도 꽤 민감해졌다. 인건비는 차치하더라도 직원들이 안정적으로 일해주면 좋겠는데, 사전에 연락도 없이 결근하거나 일이 익숙해질 만하면 그만두는 경우가 많았다. 아르바이트들을 꽉 휘어잡는 매니저를 고용하라는 조언도 많이 듣는데, 그런 숙련된 매니저 급여까지 지불하려면 남는 게 거의 없다. 경험을 더 쌓아서 석 사장 스스로가 숙련된 매니저 역할을 하는 수밖에 없다. 하루하루 버티면서 살고 있는데 지금 하는 일을 언제까지 할 수 있을지 모르겠다. 사업적 비전은 고사하고 체력까지 달리는데….

은퇴 전에 미리 사업을 준비해야 하는 이유

20~30년의 직장 생활을 마치고 50대에 사업을 시작한 경우 대부분 석 사장과 같은 상황에 놓인다. 지금까지 일하면서 쌓아온 전문성을 전혀 활용하지 못하는 상황에서 경험 없이 사업을 하는 경우 7장에서 언급한 20대 창업과 유사한 과정을 겪는다. 그런데 그 과정이 20대에게는 발랄함이지만 50대에게는 처절함

으로 다가온다.

20대는 경험과 자금이 부족해도 몸을 던지고 아이디어를 내는 데 거침이 없다. 게다가 오늘을 사는 비용이 '0'에 가까워서 시행착오를 겪어도 버텨낼 수 있다. 하지만 50대는 오늘을 사는 비용을 벌지 못하면 생존할 수 없는 상황이라 시행착오를 감당하기 어렵다. 아이디어와 체력 면에서도 20대와 비교할 수 없다. 그동안 누려온 사회적 지위가 있어서 부족한 모습, 실패한 모습, 처절한 모습을 누군가에게 내보이는 것도 큰 스트레스다. 세상은 승리자 편이지 열심히 노력하는 사람 편이 아니라는 것을 경험으로 잘 알고 있기 때문이다. 실제로 50이 넘은 나이에 어쩔 수 없어서 시작한 사업(장사)은 늪에 발을 넣는 일과 같다.

직장 생활을 하다가 퇴직한 50대가 성공적으로 사업에 접근하는 방식은 두 가지가 있다. 하나는 밑바닥부터 시작하는 것이다. 음식 장사를 할 계획이면 직접 음식을 조리하고 지속적으로 연구개발을 할 수 있는 준비를 한 후에 시작해야 한다. 주방장을 고용해서 장사하는 음식점은 결코 성공하지 못한다. '오너 셰프 owner chef'가 되어야 한다.

프랜차이즈 가맹점으로 시작한다면 처음 2~3년을 경험하는 기간으로 삼아서 매장에서 발생하는 경우의 수를 모두 파악한 후에 가장 효율적으로 운영하는 방법을 찾아서 시작하는 것도 한 방법이다. 그러나 프랜차이즈는 가맹비 외에도 인테리어, 집기 등 오픈 비용과 원부자재 매입에서도 높은 비용을 지불하는 구조여서 가맹점 입장에서는 큰돈을 벌기 어렵다. 지속적으로 비전을 갖고 자기 사업을 할 생각이라면 결국은 그 사업의 밑바닥에서부터 시작해서 자신에게 적합한 방식으로 사업을 세팅하는 것 외에는 방법이 없다.

아무리 각오를 다져도 밑바닥부터 시작하려면 3~5년 이상의 준비 기간을 거쳐야 하는데 그 기간 동안 수입 없이 버틸 수 있는 50대는 드물다. 20대가 마늘과 쑥을 먹으면서 100일을 버틸 수 있는 곰이라면 50대는 중간에 동굴을 뛰쳐나가는 호랑이로 비유할 수 있다. 실제로 아주 소수의 사람만 밑바닥부터 새로 시작한다.

다만 준비 기간을 단축하는 방법이 있다. 회사를 다니면서 준비하는 것이다. 2장에서 소개한 과정과 유사하다. 퇴직 후 진행할 사업을 결정한 후에 목표와 실행 전략을 명확히 짜고 필요한 준비를 구체적으로 해나가는 것이다. 매일 업무 후 저녁 시간이나 주말, 휴가 기간을 활용할 수 있다. 만약 프랜차이즈 가맹점을 할 요량이라면 해당 브랜드 매장에서 직접 근무해 보는 것도 한 방법이다.

주마가편走馬加鞭의 방식으로 참여할 방법 찾기

두 번째는 이미 진행되고 있는 사업에 얹혀 가는 방식이다. 천 부장은 퇴직 전부터 대학 동기가 운영하는 아이템에 지속적으로 관심을 가졌다. 직원들의 생일이나 기념일에는 그 회사의 상품을 선물하면서 직원들의 평가를 살폈다. 상품의 고객만족도나 경쟁우위는 분명했다. 그런데 그 아이템으로 사업을 하는 친구는 10년 이상을 버티면서도 돈은 크게 벌지 못하고 있었다.

그러던 차에 친구가 자신의 사업에 적극적으로 참여해 보지 않겠냐는 제안을 했다. 일단 좋은 상품을 가지고도 왜 돈을 벌지 못하는지에 대한 분석과 향후 어떤 방식으로 사업을 확장할 것인가에 대한 계획을 들었다. 단순명료했다. 자신이 가진 강점을 최대한 활용하면서 동시에 그 사업에 참여하는 사람 입장에서도 위험과 시행착오를 거의 없앤 접근 방식이었다.

자세히 살펴보니 친구는 10년 동안 수많은 시행착오를 거치면서 자신의 아이템에 적합한 사업 방식을 이제 막 찾아낸 상태였다. 게다가 대학 때부터 봐온 그 친구는 신뢰할 만하며 함께하는 사람들을 소중하게 생각하는 사람이었다. 지금까지는 사람들을 소중하게 대하는 태도가 사업에서 단점으로 작용했는데, 어려움을 겪으면서 단련된 것인지는 몰라도 사업과 사람에 대해서 이전보다 훨씬 균형 잡힌 태도를 갖추고 있었다. 게다가 사업 참여 방식을 3단계로 나누어서 진행함에 따라 사업 참여자가 위험을 피할 수 있는 장치까지 갖추었다.

천 부장은 지금이 기회라고 생각했다. 2년에 걸쳐서 투자할 금액은 5억 원 정도이며, 현재의 진행 방식대로 하면 2년 후에는 생산 공장의 40퍼센트 지분을 갖고 월 1000만 원의 배당수익을 무난하게 기대할 수 있었다. 무엇보다 좋은 것은 천 부장의 강점인 관리 능력과 인맥을 활용해서 친구의 부족한 부분을 채우면서 사업을 키우는 데 일조할 수 있다는 것이다. 단순히 숟가락을 얹는 것이 아니라 지분을 갖고 오너 입장에서 사업 성과의 한 축을 담당할 수 있었다. 천 부장은 한 달여의 고민 끝에 사업 참여를 결정하고 현재 1단계를 진행 중이다.

이처럼 20~30년간 조직 생활을 한 사람들은 대부분 관리와 인맥에 강점이 있다. 그런 자신의 강점을 활용하면서 구체적인 사업 아이템을 가진 사람의 동업자로 참여하는 것은 바람직한 접근이 될 수 있다. 1장에서 얘기했듯 과장급 창업자의 지원자로서 부장급 은퇴자가 사업에 참여하는 방식과 유사하다.

중요한 것은 현재 사업을 진행하고 있는 그 사장이 신뢰할 만한 사람인가 하는 것과 그 아이템이 시장에서 충분한 경쟁력을 가지고 있느냐는 것이다. 사업을 확장하고 지속하는 데 서로 부족한 부분을 채울 수 있는지 또한 확인해야 한다.

어떤 사업이든지 초석을 닦고 기둥을 세우는 등 뼈대를 만드는 과정이 가장 힘들고 어렵다. 퇴직 후 사업 준비를 하는 과정이 길어지는 것도 그 이유 때문이다. 이미 진행되고 있는 사업에 얹혀 간다는 것은 쓸 만한 뼈대를 갖춘 기존 사업에다 근육과 살을 붙이는 과정에 참여하는 것을 의미한다. 자금만 투자하는 수동적인 참여가 아니라 본인이 가진 강점과 능력을 더해서 시너지 효과를 낼 수 있는 것이어서 시간과 위험은 줄이면서 자신이 직접 사업을 시작할 때와 유사한 결과를 얻을 수 있는 방식이다. 이런 경우가 많지는 않지만 우리 주변에 분명히 존재한다.

젊지 않은 나이, 사업을 쉽게 결정하지 말라

퇴직 후에 자기 사업을 할 때는 선택지가 별로 없다. 그래서 가능한 한 오랫동안 직장 생활을 하려는 것이며, 퇴직 후에는 스스로 존재감을 지우면서 어느 정도의 수입만을 기대하며 프랜차이즈 치킨집, 피자집, 샌드위치 가게, 카페 등을 시작한다. 절대로 해서는 안 되는 일을 너무 쉽게 결정하고 실행하는 경우를 허다하게 본다.

이렇게 한번 늪에 발을 넣고 나면 그 후의 모든 노력은 발버둥을 치는 것과 같고 점차 깊은 수렁에 빠지게 된다. 이 과정에서 자아도 망가지고 가정도 깨지고 인간관계도 훼손된다. 매일 돈만 생각하면서 살게 되고, 로또라도 당첨되어서 한 방으로 해결할 수 없을까 하는 꿈을 매주 반복하며, 반대편에서 오는 트럭이 중앙선을 넘어서 자신의 차를 받아주었으면 하는 생각을 절로 하게 된다. 너무나 안타깝지만 대한민국 자영업자 절반 이상의 현실이다. 세상에 떠밀려 사장이 되는 것은 만년 과장, 만년 부장으로 사는 것보다 훨씬 나쁘다. 넥타이를 매고 구두를 신고 정글의 초입에 선 사람들…. 나는 당신이 그 무리에 합류하지 않기를 바란다.

직장 생활로 생긴 수입을 모아서 스스로 잘 알고 활용할 수 있는 분야의 자산을 만들어, 퇴직 후에는 자산소득만으로도 살 수 있는 기반을 다진다면 참 좋은 일이다. 그러나 퇴직 후에 계속 일을 해야 하는 상황이라면 나이를 잊고 부지런함을 발휘해야 한다. 가능한 한 석 부장이 되지 말고 천 부장이 되길 바란다. 자신의 의지와 기회를 보는 눈, 그에 걸맞은 준비를 하는 것에 두려워할 필요가 없다. 분명한 것은 세상에 떠밀려서 사장이 된다면 이 땅에서 생지옥을 경험하게 된다는 것이다.

09 새로운 영역에서 기회를 보다

——————— 1990년대 중반, 근무하던 회사가 제주도와 산방산 지역 개발에 대한 업무협약MOU을 맺었다. 당시 아이디어팀에 소속되었던 내게도 산방산 지역의 개발 아이디어를 제출하라는 지시가 떨어졌다. 산방산 지역은 물론 제주도에 대한 경험도 별로 없는 상태여서 출장을 갈 때마다 3~4일씩 묵으면서 제주도 곳곳을 살펴보았다.

외지인이 주로 다니는 이름난 관광지뿐 아니라 현지인이 소개하는 독특한 특성을 가진 장소들도 모두 살폈다. 대부분 육지에서는 상상하기 힘들고 경험도 할 수 없는 매력적인 곳들이었지만, 30년 전 제주도는 지금처럼 그렇게 '핫'한 곳이 아니었다. 내국인에게는 주로 신혼여행 장소, 기업들의 1박 2일 세미나 장소 정도였고, 외국인에게는 한국의 하와이로 어필했지만 찾는 관광객이 그다지 많지 않은 시기였다. 하지만 회사에서는 향후 중국인 관광객이 제주도를 찾을 때를 대비해 투자할 만한 가치가 있다고 판단하는 듯했다.

아이디어는 어떻게 사업으로 구체화될까

당시 나는 지역정보센터information center에 관심을 가지고 해외에 출장을 갈 때마다 그 지역에서 운영하는 정보센터의 사진을 찍고 관련 자료를 모았다. 그 관심을 산방산 지역 개발에 활용할 수 있다고 생각했다.

다른 부서들의 아이디어는 운하를 파고 대규모 호텔을 세우는 등 산방산 지역을 또 하나의 지역 명소로 만드는 데 초점을 둔 것이었다. 반면 우리 팀 아이디어는 산방산 지역을 제주도 곳곳의 명소들을 하나로 묶어주는 전략적 장소로 자리매김하게 만드는 것이었다. 제주도 여행의 시작과 끝을 접하는 곳이 되면 방문객이 돈을 가장 많이 쓰는 '선물'에 대한 수요도 확실하게 잡을 수 있으리라고 생각했다.

제주도에 대한 거의 모든 정보를 제공받을 수 있는 대규모 정보센터, 공항과 센터를 연결하는 이벤트 셔틀버스, 브랜드 호텔·이코노미 호텔·귤나무 민박 같은 다양한 숙박 시설, 옥돔 등 제주 특산물 중심의 대규모 선물 마켓 등을 갖추고 산방산과 용머리해안의 자연미를 그대로 유지하면서 지역 설화를 이용한 적절한 스토리를 만들어 내외국인 관광객에게 어필하는 것이 아이디어의 핵심이었다.

30년이 지난 지금 그때를 돌아보면 중국인 관광객이 제주도에 몰릴 것이라는 당시 경영진의 판단은 매우 통찰력 있었다. 또한 정보센터를 중심으로 전략적 접근을 하는 우리 팀의 아이디어도 꽤 괜찮았다고 생각한다. 만약 기획 의도대로 사업이 진행되었다면 제주도뿐 아니라 전 세계 유수 관광지들에도 적용할 수 있는 비즈니스 모델로도 활용할 수 있었으리라 판단한다. 산방산 지역은 현재도 개발이 별로 이루어지지 않은 상태다. 어쩌면 그게 제주도와 방문객에게는 더 좋은 것일지도 모르겠다.

아이디어 10퍼센트, 실행력 90퍼센트

경기도 양수리 지역에서 '그린토피아 농촌체험학습장'을 운영하는 정경섭 대표는 20년 차 귀농인이다. 대기업 임원으로 근무하다 50대 초반에 퇴직하면서 양수리 지역에 유실수를 심고 작은 펜션을 건축했다.

처음부터 어떤 사업 아이디어를 갖고 시작한 것은 아니었다. 첫 5년은 고생만 했다. 지인들이 가끔 찾아서 하룻밤을 묵고 가지만 돈이 되는 것이 아니었고 나무들도 열매를 맺기 전이어서 매일 힘든 노동을 하면서도 돈을 쓰는 일만 반복됐다.

정 대표는 이처럼 힘든 시간을 보내면서 자신이 정말로 하고 싶은 것이 무엇인지 구체화했다. 그렇게 내린 결론은 도시인들에게 농촌을 체험하는 기회를 제공하면서 지역 농가들이 좀 더 풍요로운 삶을 사는 데 일조하고 싶다는 것이었다. 그리고 그것을 다른 사람들도 따라 할 수 있는 사업 모델로 정립하고 싶었다.

처음에 수백 명 정도였던 그린토피아 농장의 연간 방문객은 15년이 지난 지금 3만 명을 넘어섰다. 매출액도 10억 원 이상이 되었다. 그린토피아 농장은 체험 학습에 참여한 사람들의 시작점과 마침점이 됐다.

정 대표가 소유한 개인 농장과 펜션은 초기에 비해 규모 차이가 크지 않다. 대신 지역 농가의 농산물 직거래와 농가 민박을 최대한 활용한다. 정 대표는 10년째 마을의 대표직도 유지하고 있다. 그가 지역 마케터로 기능하는 데다 그의 진정성 있는 노력이 지역 농가들의 신뢰를 얻었기 때문이다. 경기도 지역에 10여 개의 자연 체험 농장이 세워지고 운영되는 데도 큰 영향을 끼쳤다. 30년 전 우리 팀이 제주도에서 산방산 지역에 적용하고자 기획했던 일을 양평에서 그린토피아 농장이 하고 있는 것이다.

'지역 마케터'라는 우리 팀의 아이디어는 사장되었는데 그린토피아의 아이디어는 실현될 수 있었던 이유가 무엇일까? 딱 하나다. 사업 기반을 갖고 있었기 때문이다. 사업에서 아이디어는 10퍼센트 이하다. 그 아이디어를 실행할 수 있는 실행력이 90퍼센트 이상을 차지한다. 즉, 실행력을 갖추지 못한 아이디어는 사업에서 큰 의미가 없다는 뜻이다.

사업을 계획하는 예비 사장의 아이디어는 전략이 되고, 그 사업을 실제화하는 실행력은 전술이 된다. 그린토피아의 첫 5년은 사장의 아이디어를 실현할 기반을 만든 기간이다. 그 기간의 고생과 충실한 노력이 농촌 체험을 키워드로 사람들의 방문을 이끌어냈다. 더불어 자신의 개인 농장을 키우려는 노력보다는 주변 농가들을 적극적으로 활용하기로 한 것이 지역 마케팅이라는 전략적 시도의 기반이 된 것이다.

사업이 완성된 모습을 설명하니까 쉬워 보일지는 몰라도 눈앞의 이익을 버리고 전략적인 행동을 지속하는 것은 생각보다 힘든 일이다. 여하튼 정경섭 대표의 인생 후반전이 자신의 삶뿐 아니라 지역 농가에도 긍정적인 영향을 끼치고, 그린토피아를 거쳐 가는 사람들에게 풍성한 체험을 제공한다는 면에서 참 기쁜 일이다.

기막힌 아이디어도 사업 기반이 없으면 무용지물

자본이 충분한 조직은 아이디어로 사업을 시작할 수 있지만, 지금 이 책을 읽는 개인은 아이디어로 사업을 시작하면 안 된다. 스스로를 돌아보고 주변을 살펴서 자신이 가장 많이 가진 것이 무엇인지를 찾는 일이 먼저고, 그것을 활용할 수 있는 사업 아이디어를 찾는 편이 현실적이다. 그래서 필연적으로 기회는 자신의 주변에 있을 가능성이 크다.

만약 새로운 영역에서 새로운 노력으로 자신의 아이디어를 전개하려면 반드시 그 아이디어를 실현할 수 있는 기반을 만드는 과정을 거쳐야 한다. 5년간 매일 돈을 쓰고 힘든 노동을 하면서도 처음 생각을 포기하지 않고 지속한 그린토피아의 시작처럼 말이다. 아무리 좋은 사업 아이디어를 갖고 있어도 그 아이디어가 사업으로 연결되기 어려운 가장 큰 이유는 자신의 아이디어를 담아낼 자신만의 기반이 없다는 데 있다.

1992년 대한민국과 중국의 수교 전후로 나는 중국 대도시 지역에 자주 출장을 다녀야 했다. 1년의 3분의 1에 가까운 시간을 중국에서 보내면서 다양한 사람들을 만나고 다양한 경험을 쌓을 수 있었다. 본래 호기심이 많은 성격에 체력이 왕성한 30대 초반 시절이라 회사에서 요구하는 업무 외에도 내가 관심 있는 분야를 다양하게 탐색해 볼 수 있었다.

그때 나는 입이 짧은 편이 아님에도 긴 타지 생활에 음식을 먹는 것이 다소 힘들었다. 당시에 해결사 노릇을 해준 것이 바로 고추장이었다. 집에서 볶음고추장을 만들어 가기도 하고 비행기에서 주는 일회용 고추장을 가능한 한 많이 챙겨서 활용하기도 했다. 중국 내륙의 외진 곳을 방문해도 미판(쌀밥)이나 차오판(볶음밥)에 고추장을 비비면 먹을 만했기 때문이다.

그러다 퍼뜩 튜브로 된 고추장이 있으면 좋겠다는 생각이 들었다. 당시 일본인이 갖고 다니던 튜브 와사비를 보고 떠오른 생각이었다. 한국에 들어왔을 때 튜브에 담긴 고추장을 찾아보았지만 출시된 것이 없었다. 바로 제일제당(지금의 CJ) 상품개발부에 전화했다. 이런저런 설명을 하면서 앞으로 나 같은 한국인이 튜브형 고추장을 많이 찾게 될 것 같다고 주장했다. 그렇게 6개월 동안 다섯 번 이상 전화했는데 성의 있는 답변을 듣기는 어려웠다. 그로부터 12년쯤 후에 동네 슈퍼마켓에서 튜브형 고추장을 발견했다.

중국에서 포착한 사업의 기회

중국과 관련해 떠올렸던 크고 작은 사업 아이디어들 중에서 지금도 아쉽게 생각하는 것이 있다. 중국의 31개 지역에 대한 정보를 축적하는 정보그룹 운영에 대한 것이다.

비즈니스 관점에서 중국은 한 개의 나라가 아니라는 생각이 들었다. 일단 언어가 지역별로 모두 다르다. 제주도 방언 정도가 아니라 아예 100퍼센트 외국어다. 수도인 베이징의 말을 중심으로 표준어가 존재하지만 같은 한자를 쓰면서도 발음은 완전히 다른 언어가 많다. 4개 직할시直轄市, 22개 성省, 5개 자치구自治區가 각기 별도의 특색을 가진 지역이다.

각 지역의 중심 대학의 남녀 대학생 한 명씩, 한국 외국어대학교의 중국어과 한 명, 회사에서 해당 지역에 관심 있는 직원 한 명씩 해서 총 네 명을 한 팀으로 31개 지역별 전문가 그룹을 운영하는 아이디어였다. 당시 중국 돈 1위안이 한국 돈 70원 정도였고 대도시에 거주하는 현지인의 한 달 월급이 3만 원이 채 안 되는 시기여서, 연간 1~2억 원이면 정보그룹을 운영할 수 있었다. 주 통신 수단은 팩스를 사용하면 되었다.

당시 중국 사업부를 통해서 회사에 건의했지만 제일제당에 튜브 고추장에 대한 아이디어를 제안했을 때와 별반 차이 없는 반응만 돌아왔다. 만약 그때 그 아이디어가 실현되었다면 10년 정도 후의 중국 정보그룹의 가치는 제주도 산방산 지역의 정보센터보다 더 높았을지도 모른다.

이 글을 읽으면서 당신은 속으로 비웃고 있을지 모르겠다. 맞다. 이 땅에는 자신의 사업 아이디어가 얼마나 괜찮은지 스스로 감탄하면서 그 아이디어를 받아들일 줄 모르는 사회와 기업들을 안타까워하는 사람들이 많다. 그러나 그들이 모르는 것이 있다. 아무리 좋은 아이디어라도 그 아이디어를 담을 수 있는 기반이 없으면 사업을 시작할 수 없다는 것이다.

자신만 그런 아이디어를 가졌다고 생각하는 것 또한 큰 착각이다. 그 시기에 제일제당 내에서도 튜브 고추장에 대한 아이디어를 가진 사람이 있었을 것이다. 그러나 어떤 사업적 이유로 실행되기 어려웠을 것이다. 그렇게 생각하는 편이 더 현실적이다. 비즈니스에서 아이디어가 부족한 경우는 생각보다 드물다. 그 아이디어를 사업으로 연결시킬 수 있는 사업 기반의 유무와 시기적 타이밍이 훨씬 더 중요하게 작용한다.

사업을 시작하려면 사업 아이디어를 실행할 수 있는 역량을 스스로 갖추어야 한다. 그 기간을 견디기 힘들다면 이미 보유한 역량을 사업의 초기 기반으로 활용하는 방법을 찾아야 한다. 그래서 첫 사업은 작게 시작하는 것이 초보 사장으로서 지혜이기도 하지만 필연적인 일이기도 하다. 사업 기반이 형성되지 않은 상태에서 처음부터 큰 규모로 사업을 시작할 수는 없다. 첫 사업을 통해 이룬 결실을 다음 사업의 기반으로 삼으면서 회사가 성장한다. 그 과정에서 필연적으로 따라오는 장애물들을 극복하면서 사업 내공이 축적되고 사장으로서의 근육이 단련된다.

실패하지 않는 것과 성공 확률을 높이는 것

현실적으로 사업에 접근하는 두 단계가 있다. 첫째는 실패하지 않는 것이고, 둘째는 성공 확률을 높여가는 것이다. 사업 초기에 실패하는 이유는 대부분 알아야 할 것을 모르기 때문이다. 녹차를 우려낸 색깔이 녹색이라고 생각하지만 실제로는 황색인 것처럼 초보 사장의 기대나 상상과는 다른 비즈니스 자체의 고유 특성이 존재한다. 그래서 비즈니스 자체에 대한 '객관적 관점'을 학습해야 하고, 비즈니스 성과를 얻기 위한 '효과적 접근 방식'이 무엇인지 알아야 한다. 그러나 대부분의 초보 사장은 비즈니스의 고유 특성을 이해하지 못하고 자신의 기존 상식으로 사업을 시작한다.

비즈니스에 대한 객관적 관점을 학습하고 효과적 접근 방식을 습득했다고 해서 곧바로 사업에 성공할 수 있다는 뜻은 아니다. 초기의 실패를 최소화할 수 있다는 의미다. 군대 훈련소에서 가르치는 높은 포복과 낮은 포복은 전장에 투입된 병사들이 이틀만 지나면 배우지 않아도 자연스럽게 습득할 수 있다고 한다. 문제는 그 이틀 사이에 병력의 절반 이상이 목숨을 잃는다는 것이다. 훈련소에서 포복 요령을 가르치는 것은 전쟁 초기에 목숨을 잃는 병사의 숫자를 줄일 목적임을 꼭 기억하자. 알아야 할 것을 알고 기본에 충실하면 실패 확률을 줄일 수 있다.

둘째 단계는 성공 확률을 높여가는 것이다. 어떤 경우에도 사업에서 확정된 성공은 없다. 단지 성공 확률을 높여가는 것이다. 자신이 원하는 방향을 향해서 신념을 가지고 지속적으로 노력해야 한다는 뜻이다. 실패하지 않기 위해서 필요한 것이 '객관적 관점'이라면 성공 확률을 높이기 위해서 필요한 것은 '주관적 신념'이다. 객관적 관점과 주관적 신념이 적절하게 어우러지고 사장으로서 내공이 쌓이면서 사장의 근육이 만들어진다.

사업은 흘러 내려오는 물을 거슬러 올라가는 조각배와 같다. 아무것도 하고 있지 않으면 물의 흐름에 떠밀려 내려가게 된다. 단순히 현재의 위치를 유지하기 위해서도 일정 수준 이상의 노 젓기를 해야 한다. 만약 앞으로 나가려면 흘러 내려오는 물의 힘보다 더 큰 힘으로 노 젓기를 해야 한다. 사장에게 근육이 필요한 이유다.

실전 TIP 3.

아이디어가 사업이 되려면

모든 사업은 기회를 포착하는 데서 시작된다. 그 후에 포착된 기회를 사업으로 연결할 수 있는 접근 방식(사업 전략)을 세우고, 그 전략을 의도대로 실행할 수 있는 실행 역량(전술적 역량)을 확보한다. 즉, 사업을 한다는 것은 다음과 같다.

1. 새로운 기회 포착
2. 기회를 사업으로 풀어갈 수 있는 전략 수립
3. 전략을 효과적으로 실행할 수 있는 전술적 역량 확보
4. 기회·전략·역량을 '한 방향 정렬aligning'이 되도록 관리

현실적인 사업 진행의 과정

논리적으로는 '1→2→3→4'의 순서로 진행하는 것이 맞지만, 현실에서는 '3 →1 →2 →4'의 순서로 진행되는 경우가 더 많다. 3장 '오랫동안 해오던 일에서 분가하다'가 바로 사업의 시작점을 3번으로 둔 경우를 설명한 것이다. 현실에서 진행 순서가 바뀌는 이유는 단순하다. 실행에 필요한 전술적 역량을 확보하는 3번 단계에 긴 시간이 소요되기 때문이다. 그래서 자본 여력이 충분한 대기업이 기회를 포착해서 사업을 진행할 때는 그 기간을 줄이기 위해서 전략 수행에 필요한 기술, 역량, 인프라를 갖춘 기업을 인수합병M&A하는 경우가 많다. 돈으로 시간을 사는 것이다. 기회의 타이밍을 놓치지 않는 것이 훨씬 더 중요함을 알기 때문이다.

개인이 자기 사업을 시작할 때 '1→2→3→4' 순서로 진행하는 것은 실패할 확률이 높다. 7장 '자기 사업으로 사회생활을 시작하다'가 그렇게 사업을 시작한 경우를 설명한 것이다. 그래서 처음 시작한 사업에서 구축된 사업 기반을 적절한 방식으로 매각하는 것도 의미 있는 성공으로 평가받는 경우가 많다.

8장의 대기업 프랜차이즈 가맹점을 오픈하는 것도 '1→2→3→4' 순서로 진행하는 개념이다. 그러나 1번과 2번에 대한 충분한 검증이나 통찰 없이 3번 단계의 사업 준비 기간을 단축하려고 가맹비를 지불했기 때문에 4번 단계를 머리로 이해하고 배워서 사업을 시작하는 경우다. 대부분의 과정이 수동적으로 이루어지기 때문에 사업적으로 좋은 결과를 얻기 힘들고 인생에서 늪에 발을 담그는 것과 같은 부정적 결과를 초래할 가능성이 더 크다.

파일럿 비즈니스 과정의 필요성

사업을 풀어가는 방식과 순서에 정답은 없다. 그러나 사업을 시작하고 진행하는 데 중요한 두 가지가 있다. 하나는 단계별로 자신이 능숙하게 활용할 수 있는 방식이어야 한다는 것이다. 다른 하나는 자신의 시각으로 검증하고 확인하면서 진행해야 한다는 것이다.

자기 사업을 생각하는 예비 사장이라면 3번 단계를 충실하게 준비하는 것이 가장 중요함을 깨달아야 한다. 충분한 실행 역량을 갖추기 전에 시도하는 모든 사업은 벤처venture

가 된다. 그래서 사업을 시작할 때는 실패가 성공의 밑거름이 되고, 성공이 또 다른 시도의 배경이 될 수 있는 방식으로 진행해야 한다. 또한 자신이 주목한 기회가 진짜 자신의 기회인지 확인하는 파일럿 비즈니스pilot business 과정을 거쳐야 한다.

파일럿 비즈니스 과정은 3단계로 진행된다. 1단계, 자신이 본 시장 기회가 정말 기회가 맞는지, 수요가 자연스럽게 일어날 수 있는지 아니면 어떤 구체적인 별도의 노력이나 과정을 거쳐야 하는지 구분한다.

2단계, 그 성과를 얻기 위해서 자신이 치를 대가는 무엇이며, 그 사업에 영향을 주는 실질적인 변수들이 무엇인지 확인한다.

3단계, 자신이 포착한 기회에 접근할 수 있는 현실적이고 효과적인 사업 방식 정립을 목적으로 한다.

포착한 시장 기회를 극대화시킬 수 있는 적절한 비즈니스 모델을 정립하는 것과 효과적이고 현실적인 사업 계획을 수립하는 것이 파일럿 비즈니스의 목표다. 파일럿 비즈니스는 크기만 작을 뿐 본 비즈니스에서 필요한 요소들을 모두 확인할 수 있는 방식으로 진행되어야 한다.

오랫동안 해오던 일이나 그 주변에서 기회를 찾는 것이 유용하고 현실적인 이유가 거기에 있다. 그 과정을 통해서 사업 내공을 쌓고 사장의 근육을 키우면서 진행하다가, 자기 인생의 아이템을 만나면 그것에 온 힘을 쏟아붓는 것이다. 그렇게 사업이 인생이 되고 인생이 사업이 된다.

유의할 것은 돈을 목적으로 하는 사업은 한계가 명확하다는 것이다. 돈은 사업이 궤도에 올랐을 때 자연스럽게 열리는 열매와 같기 때문이다. 모든 사업에는 자신의 삶이 실려야 한다. 그래야 인내할 수 있고 돌파할 수 있고 다시 시작할 수 있다.

2부

사장이 넘어야 할 다섯 개의 산

사장이 넘어야 할

다섯 개의 산이 존재하며

그 다섯 개의 산이 어떻게 연결되는지 알지 못하면

어떤 사장도 성공을 장담할 수 없다.

경영 지식이 충만한

대학교수나 경영 컨설턴트들이

자신의 사업에서 성공하기 어려운 이유가 여기에 있다.

사장은 아는 것과 되게 하는 것의 차이를

명확히 구분해야 한다.

10 사장의 숫자만큼 생존 방식이 존재한다

:생존의 산

——————— 지금은 정치인이 된 안랩AhnLab 창업주 안철수 씨가 한 예능 프로그램에 나와서 했던 말 중 사장으로서 크게 공감되는 말이 있었다. "사업 초창기에 여유 자금이 없어서 월급날이 되면 주변 사람들에게 돈을 융통하기 위해 연락하는 것이 참 힘들었습니다. 그래서 '다음 한 달을 살 수 있는 여유 자금만 통장에 있어도 참 좋겠다'라고 생각했습니다."

소규모 기업의 사장이 발 뻗고 잘 수 있는 여유 자금의 기준은 한 달이다. 이번 달 급여, 월세, 관리비 등 정기적으로 지급되는 비용을 모두 지출한 후에 다음 한 달을 살아낼 정도의 여유 자금만 있어도 마음에 여유가 생긴다. 규모가 큰 기업은 그 기준이 보통 1년이다. 한 해를 마무리할 때 다음 해에 필요한 자금이 준비되어 있으면 마음 편하게 새해를 맞이할 수 있다. 사장이 돈 고민에 빠졌다면 기업에는 적색 신호가 켜진 것이다. 오늘 지급되어야 하는 돈을 걱정하기 시작하면 창의적 생각·종합적 사고·통찰력을 발휘하기는 거의 불가능해진다. 특히 소규모 기업에는 사장 외에는 전략적으로 생각하는 존재가 없어서 더욱 그렇다. 그래서 사업에서는 들어오는 돈이 나가는 돈보다 많은 상태를 유지하는 '생존'이 1차 목표가 된다.

사장이 넘어야 할 최초의 산은 '생존의 산'이다.

사장은 절실함으로 첫 번째 산을 넘는다

내 부모님은 내가 중·고등학생일 때 모두 돌아가셨다. 그래서 20대 중반의 형님이 다섯 남매의 가장 역할을 해야 했다. 경험과 준비 없이 가장이 된 형님의 고군분투는 겨울을 앞두고 특히 두드러졌다. 40년 전 가정의 대표적인 겨울맞이 준비는 세 가지였다. 김장, 연탄, 쌀. 11월경에 100~200포기 김장을 하고, 연탄을 400~500장 들여놓고, 쌀 3~4가마니를 사두면 비로소 형님은 안도의 미소를 지었다.

40년이나 지난 지금도 당시 형님이 뿌듯해하던 표정이 떠오른다. 물론 형님 혼자만 그 책임을 감당한 것은 아니다. 어린 조카들의 살림살이를 걱정한 고모님들이 물심양면 도와주었다. 네 명의 동생들도 나름의 방법으로 형님께 도움이 되기 위해 노력했다. 그래도 최종 책임은 여전히 형님(형수님) 몫이었다. 형님이 가장이었기 때문이다. 이제 60대 후반에 접어든 형님과 이따금 옛날이야기를 하지만, 그 시절을 말할 때의 형님 표정에는 여전히 비장함이 있다.

자동차 세일즈의 전설로 불리는 조 지라드Joe Girard는 자신이 처음 차를 팔았을 때를 회상하며 이렇게 말한다. "고객에게 뭐라고 설명했는지, 어떻게 차를 팔았는지는 기억나지 않아요. '지금이 고객에게 차를 팔아야 오늘 저녁 가족에게 필요한 식료품을 살 수 있다'는 생각만 했던 것 같아요." 세일즈 사업이 궤도에 오른 후에는 기술과 요령만으로 하루에 몇 대씩 차를 판 조 지라드조차 첫 판매를 할 때 의지했던 건 차에 대한 전문 지식도 세일즈 기술도 아니었다. 내 형님이 그랬던 것처럼 가족의 저녁 먹거리를 얻기 위한 생존의 절실함이었다.

우화羽化를 위해 번데기에서 마지막 탈피가 진행될 때 나비의 뇌파는 매우 고통스러울 때와 같은 형태의 파장을 보인다고 한다. 이때 누군가 나비의 고통을 덜어주기 위해 임의로 칼집을 내서 쉽게 탈피하도록 돕는다면 나비는 날지 못하고 바닥에 떨어

져서 죽는다. 번데기 껍질의 좁은 입구를 힘겹게 뚫고 나오면서 나비의 날개 근육이 날기에 적합하게 단련되기 때문이다. 자신의 힘으로 껍질을 뚫고 나온 나비에게만 꽃밭을 날아다닐 기회가 주어지는 것이다.

사업을 시작한 사장이 생존의 산을 넘는 과정은 나비의 마지막 탈피 과정과 유사하다. 자기 힘으로, 스스로 생존의 산을 넘을 때 비로소 사업을 할 수 있는 '자격'이 주어진다. 생존의 산을 넘는 방식에 객관적인 답은 없다. 그냥 해내는 것이다.

무슨 수를 써서든 살아남아라

사장은 스스로 어떤 방법을 써서든지 생존해야 한다. 주어진 환경을 탓하거나 안되는 이유를 설명하는 사장은 바로 도태된다. 주어진 환경을 이용할 방식을 찾아내고, 될 방법에 집중하는 사장에게만 생존의 기회가 주어진다. 자신의 아이템과 고객을 연결시킬 수 있는 방법을 찾아 거래를 만들고, 그 거래를 반복할 수 있는 상황으로 이끌어야 한다.

타고난 재능을 가진 사람이 사업에 유리하다고 하는 이유는 바로 생존의 산을 넘는 데도 체질적으로 유리하기 때문이다. 많은 경험과 지식을 가진 사람도 그것을 즉각적인 실행에 적용하기는 쉽지 않다. 그런데 타고난 재능을 가진 사람은 이론적으로 해박하지도, 효과적인 방식에 대한 지식을 가지고 있지도 않지만 본능적으로 취하는 행동이 생존에 효과적으로 작용한다.

이 시기의 행동들은 완벽하지 않아도 된다. 체계적이지 않아도 탓할 수 없다. 생존의 단계에서 체계를 따지고 완벽하지 못하다며 자책할 필요는 없다. 오히려 다소 비효율적일 수도 있다. 생존이라는 효과를 얻은 후에야 효율을 생각할 수 있기 때문이다. 어느 정도의 노력을 기울여야 가능할지에 대한 계산도 의미 없다. 상황에 따라서 100의 노력을 기울일 수도, 500의 노력을 기울일 수도 있다.

다른 사람의 도움을 받기도 쉽지 않다. 일과 조직이 모두 체계적이지 못해서 어느 타이밍에 어떤 방식으로 도움을 주는 것이 유용할지 외부 사람은 알지 못하기 때문이다. 외부로부터의 잘못된 도움이 제대로 사업을 해나가는 데 오히려 방해가 될 수도 있다. 고통 없이 탈피에 성공한 나비가 날개 근육을 단련하지 못해서 땅에 떨어지는 것과 같은 이치다.

생존의 산을 넘는 과정의 사장에게 무엇보다 중요한 것은 체화體化된 역량이다. 몸에 밴 역량이 아니면 행동으로 옮기기 어렵기 때문이다. 앞서 창업을 생각하는 대학생에게 '세일즈 역량'과 '아이디어 노트'의 중요성을 강조한 이유가 여기에 있다. 그 순간에 필요한 역량을 증폭시키는 무기가 되기 때문이다.

생존의 산을 넘기 위한 구체적인 준비에는 한계가 있다. 사장 자신이 처음 접하는 환경에서 사업을 시작했으므로 어떤 일이 벌어질지 모르기 때문이다. 그래서 생존의 산을 성공적으로 넘는 방식은 그 산을 넘은 사장의 숫자만큼이나 다양하다. 생존의 산을 넘은 사장들에게 유일한 공통점이 있다면 어떻게든 자신만의 생존 방식을 찾아냈다는 것이다. 20대 중반에 가장이 된 내 형님과 첫 차를 팔게 된 조 지라드처럼 말이다.

생존의 산을 넘는 데 도움이 되는 네 가지 접근 방식

생존의 산을 넘는 데 다소 도움이 될 몇 가지 접근 방식이 있다. 첫 번째는 '시작점'을 높이는 것이다. 사업을 시작한 후에는 오늘을 사는 비용이 존재한다. 그래서 무언가 생산적인 결과를 얻기 위한 행동이 아닌, 그저 오늘을 살아내기 위해서도 시간과 비용을 지불해야 한다. 그러나 사업 시작 전에는 그 비용이 '0'이다. 따라서 새로 시작하는 사업에 긍정적으로 작용하는 노력을 다할 수 있다.

시장에 진입해서 손익분기점을 넘는 데 평균 6개월이 걸리는 아이템이라면 조금 더 준비하고 노력해서 그 기간을 3개월로 단축하는 게 좋다. 아예 처음부터 손익분기점을 넘기는 방법을 찾아서 시작할 수 있으면 더 좋다. 일반적인 노력으로 100명의 고객을 확보하고 시작할 수 있다면, 다소 무리가 되더라도 200명의 고객으로 시작하는 방법을 찾아서 거기에 시간과 비용을 쓰라는 것이다. 무동력 글라이더가 멀리 날기 위해서 가능한 한 높은 곳에서 날기 시작하는 것과 같은 이치다. 경험 없는 일에서 처음부터 잘하기는 누구나 어렵다. 그래서 기회가 있다. 모든 새로운 사업에서 시작점을 최대한 높게 잡는 것은 효과적인 접근 방식이다.

두 번째는 사업에서의 '필요'를 구체화해서 자기 자신뿐 아니라 다른 사람들도 쉽게 알 수 있도록 사업의 내용을 정리하는 것이다. 사업 초기에는 외부의 작은 도움도 큰 힘이 된다. 그러나 도움을 받는 방식은 자신의 필요에 맞는 형태여야 한다. 그렇지 않으면 외부의 도움이 사업의 긴 행로에 오히려 방해가 될 수 있다.

신혼부부가 필요한 살림살이 목록을 만들어서 주변 사람들에게 알려주면 축하하고자 하는 사람들은 집에 있는 여분의 물품을 선물할 수 있다. 부담 없이 축하 선물로 줄 수 있지만 받는 사람에게는 도움이 되는 실용적인 방식이다. 이처럼 자신의 사업에 꼭 필요한 일에 주변 사람들이 부담 없이 참여하고 도울 수 있는 방식을 제안하는 것은 생존의 산을 넘는 지혜다.

세 번째는 '적은 매출로도 수익을 올리는 방식'으로 사업을 진행하는 것이다. 사장이 직접 뛰어야 한다. 사업을 시작할 때 경영은 철저하게 게릴라 부대 운영 방식을 취해야 한다. 사장이 맨 앞에서 먼저 몸을 던져야 한다는 뜻이다. 그래야 사장의 일하는 방식이 현장에서 직원들에게 그대로 전달되고, 사장이 뛰는 만큼 회사가 전진할 수 있다. 그래서 생존의 산을 넘는 사장은 저절로 '멀티플레이어multiplayer'가 된다.

이미 궤도에 오른 기업처럼 체계적인 조직을 갖추고 다른 사람을 통해서 일하려는 시도는 비용만 커지고 얻을 수 있는 성과는 크지 않다. 사장이 직접 뛰면서 가장 효과적인 방법을 찾아내고 직원들도 같은 방식으로 일하도록 요구해야 한다. 현장을 함께 뛴 직원들이 성장해서 새로운 사람들을 같은 방식으로 가르치고 훈련시킬 수 있을 때까지 그렇게 하는 것이 바람직하다.

네 번째는 '자신이 능숙하게 잘할 수 있는 방식'을 실행의 중심에 두는 것이다. 아무리 좋은 아이디어라도 실행할 수 없으면 꽝이다. 자신이 의도한 효과를 얻는 방법이라면 무엇이든지 시도하되, 능숙하게 잘해낼 수 있는 방식으로 실행하는 것이 좋다. 그러면 시행착오도 줄일 수 있고 비용도 크게 줄일 수 있다.

첫 번째 산을 내려온 다음에도 이렇게 하라는 것은 아니다. 처음에는 자신에게 익숙한 방식으로 시작하되, 그 일을 진행하는 가장 효과적인 방법을 찾아서 다시 그 방법을 익숙한 것으로 만들어야 한다. 그리고 다음 산을 넘을 때는 자신에게 익숙하면서 동시에 객관적으로도 유용한 방식을 사용할 수 있어야 한다. 그 과정에서 사장과 직원 모두 성장을 경험한다.

살아남는 순간, 비로소 사장이 된다

첫 사업은 '작게' 시작하는 게 좋다. 자본이든 기술이든 인맥이든 꼭 필요한 만큼만 도움을 받고, 가능한 한 스스로의 힘으로 시작하는 것이 바람직하다. 단번에 생존의 산을 넘는 사장은 드물기 때문이다. 사장들 대부분은 몇 번의 미끄러짐과 곤두박질을 경험한다. 산에서 내려올 때는 약수터에서 대강이라도 씻고 오기 때문에 봐줄 만하지만, 사실 생존의 산을 넘은 사장들의 모습은 땀에 절어 있고 상처투성이다.

사업은 도박이 아니다. 경험 없는 일에 처음부터 '올인all-in'하는 일은 위험하다. 다시 시작할 수 있는 여지를 두어야 한다. 사업이 삶이 되려면 목숨을 걸고 최선의 노력을 기울이되, 실패와 시행착오가 다음 시작의 밑거름이 될 수 있도록 해야 한다.

생존의 산을 넘는 주된 동력은 사업에 대한 사장의 절실함과 체화된 생존 역량에서 나온다. 머리로 알고 있던 지식은 시행착오를 거치면서 사업 역량으로 축적된다. 사업 과정에서 생기는 장애물을 극복하면서 숨어 있던 사업적 재능도 드러나게 된다.

그래서 실제로 생존의 산을 넘으면서 사장은 자신이 사업에 적합한 사람인가를 확인할 수 있다.

또한 생존의 산을 넘으면서 각 사장의 '사업 원형'이 만들어진다. 생존의 산에는 사장이 다음에 넘어야 할 고객의 산(두 번째 산), 경쟁의 산(세 번째 산), 기업 내부의 산(네 번째 산), 자기 자신의 산(다섯 번째 산)이 모두 축소되어 들어 있다. 그래서 사업을 시작할 때는 자신이 지향하는 가치에 부합한 아이템을 찾아서 자신의 방식으로 사업을 시작하는 것이 좋다.

모든 사업은 생존을 고민하는 시기가 있다. 사업을 시작하는 시기뿐 아니라 잘나가던 사업이 수렁에 빠지는 경우도 그렇다. 그래서 사장에게는 생존 근육이 필수적이다. 사업의 전 과정에서 맞닥뜨리는 불확실한 시기를 버텨내고 이겨낼 수 있는 생존 근육 대부분은 첫 번째 산을 넘는 과정에서 만들어진다.

실전 TIP 4.

자신의 생존 방식을 존중하라

싸움을 잘하는 사람에게는 '한 방'이 있으니 결정적인 순간에 날리면 된다. 그러려면 그때까지 버틸 수 있어야 한다. 많이 맞아도 다시 일어설 수 있으면 된다. 그래서 이기는 싸움을 하려면 맷집 먼저 키워야 한다. 그리고 결정적인 순간을 살펴야 한다. 기회는 온다. 그때까지 견디고 버텨야 한다.

사업을 시작한 사장은 일단 생존해야 한다. 그래서 들어오는 돈이 나가는 돈보다 많은 상태를 유지하는 것이 중요하다. 실패하지 않는 방식을 습득해야 한다. 다음으로는 성공확률을 높이는 방식을 터득해야 하고, 마지막으로 '원 샷, 원 킬one shot, one kill' 하는 프로페셔널이 되어야 한다.

'진짜'가 되어라

사장은 오랜 시간 본능적으로 사용해 온 자신의 방식을 믿고 존중할 필요가 있다. 그리고 생존의 단계를 넘어선 후에는 지속적으로 사용할 수 있는 효과적인 무기를 만들어야 한다. 주어진 상황을 극복하고 해결하면서 자신만의 방식, 특기, 사람들을 구축해 가야 한다. 그 과정에서 자연스럽게 자신의 사업 철학을 고민하게 된다.

사장은 먼저 진짜가 되어야 한다. 진짜는 핑계를 대지 않는다. 될 방법을 찾는다. 어떤 환경과 상황에 맞닥뜨려도 거기에서 되는 방법을 찾으면서 나아간다. 그 과정에서 또 다른 진짜들을 만나게 된다. 아직 어린 사람도 있고 이미 자신의 영역을 구축한 사람도 있다. 진짜는 또 다른 진짜를 쉽게 알아본다. 그리고 통한다. 그러려면 자신이 먼저 진짜로 살아야 한다. 다른 사람을 흉내 내지 말고 일과 상황을 통해서 자기답게 살아야 한다. 그 과정에서 자신의 사업 원형이 자연스럽게 만들어진다.

돈을 벌되 자신의 가치관에 부합하는 방식으로 벌 것

생존의 산을 넘는 과정에서 잊지 말아야 할 두 가지가 있다.

하나는 들어오는 돈이 나가는 돈보다 많은 상태를 유지하는 것이다. 그 방법을 찾기 위해 끊임없이 노력하고 긴장을 풀지 않아야 한다. 자기자본으로 사업을 시작했든 투자를 받아서 사업을 시작했든 마찬가지다. 사업 초기에 기반을 다지는 기간이라고, 그래서 들어오는 돈이 나가는 돈보다 적은 거라고 스스로 핑계 대지 않도록 경계해야 한다. 가능하다면 처음부터 들어오는 돈이 나가는 돈보다 많도록 계획하고 실행할 수 있으면 좋다.

또 하나는 자신의 '가치 지향'과 어울리는 방식으로 돈 벌기에 집중하는 것이다. 생존의 산을 지나면서 가치 지향을 말하는 것이 다소 이르고 건방지게 느껴질지 몰라도 절대 그렇지 않다. 처음부터 그렇게 하도록 노력해야 한다. 들어오는 돈을 나가는 돈보다 많게 하려는 노력이 원 바깥으로 나아가려는 힘인 '원심력'이라 한다면, 자신의 가치 지향과 어울리는 방식으로 돈을 벌기 위해 노력하는 것은 원의 중심으로 당기는 힘인 '구심력'이 된다.

가치 있는 성공을 하려면 두 힘이 균형을 이루어야 한다. 구심력이 클수록 더 큰 원심력을 감당할 수 있다. 다소 시간이 걸리고 어려움을 겪더라도… 이 고민과 노력에 대한 보상은 마지막 다섯 번째 산을 넘을 때 확인하게 될 것이다.

11 '고객나무'를 키우는 기술을 습득해야 한다

:고객의 산

———————— 기업이 생존하기 위해서는 들어오는 돈이 나가는 돈보다 많은 상태가 되어야 한다. 그러기 위해서는 기업 규모에 맞는 적정한 매출이 있어야 하고 수익을 '플러스(+)' 상태로 유지해야 한다.

사업에서 매출은 '고객나무'에서 피어나는 꽃이고, 수익은 그 꽃을 통해 열리는 열매와 같다. 기업이 직접 꽃을 피우거나 열매를 맺게 할 수는 없다. 오직 고객나무만이 매출의 꽃과 수익의 열매를 만들어준다. 그래서 기업을 운영하는 사장은 새로운 고객을 발굴하고 기존 고객을 유지하는 데 노력의 초점을 맞춰야 한다. 즉, 고객나무를 키우는 기술을 반드시 습득해야 한다.

사장이 넘어야 할 두 번째 산은 '고객의 산'이다.

목표 고객의 '만족 블랙박스'에는 어떤 욕구가 숨겨져 있는가

고객의 산을 넘기 위해서는 절실함과 열심만으로는 부족하다. 고객을 움직이는 기술을 익혀야 한다. 사장이 고객의 산을 넘는 데 필요한 몇 가지 기술을 알아보자.

첫 번째 기술은 고객의 '만족 블랙박스' 변수를 찾아내는 것이다. 일반적으로는 다루지 않는 생소한 개념이지만 익숙해지면 매우 유용하게 활용할 수 있다. 상품이나 브랜드를 대하는 모든 고객의 마음속에는 두 개의 블랙박스가 있다. 하나는 '만족 블랙박스'고 또 하나는 '불만족 블랙박스'다. 각 블랙박스에는 고객의 '욕구 변수'가 들어 있다.

중요한 것은 고객이 언제 거래를 시작하느냐다. 고객은 자신의 만족 블랙박스에 숨겨진 변수 중 하나가 건드려질 때 돈을 지불하는 거래를 한다. 불만족 블랙박스에 담긴 변수를 해결하는 것은 평판을 좋게 해줄 수는 있어도 돈을 지불하는 거래를 만들지는 못한다.

문제는 고객의 만족 블랙박스에 어떤 변수가 들어 있는지 알기 어렵다는 것이다. 심지어 고객 자신조차 정확히 모르는 경우가 많다.

게임이론game theory에서 다루는 사례 하나를 생각해 보자. 야구 경기를 보려고 경기장에 왔는데 가진 돈이 8000원밖에 없다. 입장료는 1만 원이다. 그때 어떤 사람이 다가와서 동전 던지기 게임을 제안한다. 동전의 앞면이 나오면 2000원을 줄 테니 뒷면이 나오면 자신에게 5000원을 달라는 것이다. 확률과 기댓값을 생각하면 무조건 불리한 게임이다. 얻는 것은 2000원×1/2(앞면이 나올 확률), 즉 1000원이고, 잃는 것은 5000원×1/2(뒷면이 나올 확률)인 2500원이다. 게임을 할 때마다 1500원씩 잃게 되는 것이다. 해서는 안 되는 게임이다.

하지만 다른 관점에서 생각해 보자. 상대방의 제안을 받아들이면 야구장에 입장할 확률이 2분의 1인데 그러지 않으면 아예 입장할 기회를 얻을 수 없다. 이제 뭔가 고민할 필요가 있는 상황이 되었다. 만약 이 사람의 만족 블랙박스에 들어 있는 게 '합리성'이나 '돈'이라면 거래는 성사되지 않는다. 그러나 '야구장 입장'이 들어 있다면 거래가 성사될 가능성이 크다.

이런 형태의 거래는 삶의 곳곳에서 발견된다. 시외버스 터미널이나 시골 기차역 주변의 음식점들은 친절하지도 않고 맛도 별론데 망하지 않고 장사를 지속한다. 그곳을 찾는 고객들의 만족 블랙박스에 '배고픔 해결'이 들어 있고 '친절'이나 '맛'은 불만족 블랙박스에 들어 있기 때문이다. 화장실이 급한 사람은 주유소에서 사은품으로 흔히 받을 수 있는 휴지를 1000원에 팔아도 살 것이다. 그 사람의 만족 블랙박스에 '돈'이 아니라 '닦을 무언가'가 들어 있기 때문이다.

고객과의 거래는 상품에서 시작되지 않는다. 목표target 고객의 만족 블랙박스 변수를 파악하고, 브랜드와 상품을 통해서 그 욕구 변수를 충족시킬 때 고객은 비로소 거래를 시작한다. 그래서 사장이 고객나무를 키우면서 습득해야 하는 첫 번째 기술은 목표 고객의 만족 블랙박스에 어떤 변수가 들어 있는지 파악하는 것이다. 문제는 숨겨진 변수를 찾아내기가 매우 어렵다는 것이다. 알려진 조사 방법이 많지만 기존의 리서치 방식은 대부분 잠재 고객의 불만족 블랙박스 변수들을 찾아낼 뿐이다.

실제로 대부분의 고객은 만족 블랙박스의 변수들을 쉽게 드러내지 않는다. 심지어 고객 스스로도 자신의 만족 블랙박스에 어떤 변수가 들어 있는지 잘 모르는 경우가 많다. 하지만 고객의 만족 블랙박스에 담긴 변수를 찾지 못하면 거래는 이루어지지 않는다. 비즈니스에서 거래가 어려운 근본적인 이유다. 그래서 고객의 만족 블랙변수를 찾기 위한 사장의 역량과 통찰력은 지속적으로 계발되어야 한다.

그 욕구를 해결하겠다고 분명하게 약속하라

두 번째 기술은 만족 블랙박스 속 욕구 변수의 해결책을 제시하는 약속을 개발하는 것이다. 만족 블랙박스에 들어 있는 변수를 파악했다는 것은 고객의 숨겨진 욕구, 즉 니즈needs를 찾아냈다는 것이다. 이제 사장이 할 일은 그 욕구를 해결할 수 있는 구체적 대안을 제시하는 것이다.

샘 월튼이 고객에게 제시한 약속은 '상시 저가 판매everyday low price'였다. 그 약속은 고객의 만족 블랙박스 변수를 강하게 건드렸다. 그래서 수많은 사람이 월마트와의 거래를 시작했다. 한국에서 이마트는 '최저 가격 보상제'라는 약속을 한다. 그래서 이마트가 들어서는 지역의 사람들은 오픈 광고만 보고도 차를 몰고 이마트로 향한다. 수많은 중국 관광객이 한국 화장품을 구매하려 한다. '안티에이징'이라는 약속이 그들의 만족 블랙박스 변수를 건드렸기 때문이다. 따라서 만족 블랙박스 속의 변수를 파악했다면, 이제 그 욕구 변수를 충족시킬 수 있는 약속을 제시해야 한다.

고객의 기대 이상으로 실행하라

사장이 고객나무를 키우기 위해서 익혀야 할 세 번째 기술은 그 약속을 실행하는 것이다. 적절하게 약속을 개발해서 고객에게 어필하는 것만으로도 사람들은 브랜드를 찾아오고 상품을 구매한다. 그러나 그 약속이 고객의 기대만큼 실행되지 않으면 거래는 한 번으로 끝나고 만다. 적절한 약속을 찾아냈다면 고객의 기대 이상으로 실행해야 한다. 그래야 재방문과 재구매, 호의적 입소문이 가능해진다.

약속을 실행하는 기업과 브랜드 입장에서 가장 비용이 적게 드는 방식을 찾아 약속을 실행하는 것이 좋다. 고객은 약속이 실현되는지만 중요하게 생각할 뿐이다. 기업과 브랜드가 얼마만큼의 돈을 쓰느냐는 관심 밖이다. 단, 비용을 줄이겠다고 고객을 불편하게 하거나 고객에게 약속한 내용을 훼손하지 않도록 유의하라.

샘 월튼은 고객과의 약속을 지키기 위해서 늘 경쟁자보다 낮은 비용으로 조직을 운영하고 구매 단가에 3센트만 더해 판매가를 매기는 정책을 지속했다. 회사의 규모가 커지면서는 비용과 원가를 낮추기 위해서 인공위성을 이용한 물류 시스템 확보 등 약속을 실행할 수 있는 조직적 노력을 멈추지 않았다. 자연스럽게 월마트의 고객나무는 꾸준히 자라났다. 이처럼 비용을 줄이고 약속을 훼손하는 것보다 더 많은 비용이 들더라도 약속을 기대 이상으로 충족시키는 것이 고객나무를 키울 뿐만 아니라 장기적으로 기업의 수익을 확대하는 유용한 행동이 된다.

현재의 고객에게 '새로움'을 제시하라

네 번째 기술은 지속적으로 '새로움newness'을 제안하는 것이다. 매력적인 약속과 성실한 실행에 환호하던 고객들도 시간이 지나면 곧 눈에 띄게 지루해한다. 눈에 콩깍지가 씌어서 죽고 못 살던 연인이 시간이 지나면서 관계가 시들해지는 것과 같은 현상이다.

고객나무를 지속적으로 키우기 위해서는 고객이 지루해하기 전에 새로움을 제시할 수 있어야 한다. 자신이 선택한 만족 블랙박스의 욕구 변수를 해결하기 위한 노력이 한 번으로 끝나면 안 된다는 뜻이다. 그 영역에 대해서는 어느 누구도 넘보지 못하도록 최선의 노력을 기울이는 것은 당연하고, 고객으로부터 이른바 '넘버 원'이라는 평가를 받아야 한다. 지속적으로 새로움을 제안하는 것은 다음 장에서 설명할 세 번째 산(경쟁의 산)을 쉽게 넘을 수 있는 요령이기도 하다.

대표적인 사례는 질레트 면도기다. 질레트는 고객이 현재 구매하고 있는 상품을 대체할 수 있는 새로운 상품을 매우 적극적으로 개발하고 제안한다. 고객 입장에서는 '자사의 상품을 스스로 폐기하려는 미친놈들'이라는 생각이 들 만큼 말이다. 최근에는 IT 기업처럼 구독 경제(일정 금액을 내고 정기적으로 제품이나 서비스를 제공받는 것) 방식까지 도입했다. 이처럼 시장에서 앞서가면서도 조직적으로 새로움을 연구하고 제안하는 질레트를 상대할 수 있는 경쟁자가 등장하기란 불가능에 가까울 것이다.

사장의 무기가 되는 '3단계 마케팅'

'만족 블랙박스 변수 찾기 → 약속 개발 → 성실한 실행 → 새로움 제안'의 기술이 머리로 아는 것에서 끝나면 안 된다. 능숙하게 사용할 수 있는 사장의 기술이 되고 조직의 기술이 되어야 한다. 그러기 위해서는 기술의 각 과정에서 구체적인 실행 방식인 '3단계 마케팅'에 익숙해져야 한다.

3단계 마케팅은 잠재 고객의 '방문 → 구매 → 재방문'의 3단계 행동을 모티브로 삼아, 기업과 브랜드에서 실행할 수 있는 구체적인 방식을 정리한 것이다. 고객이 방문할 수 있도록 고지하고, 방문 고객이 구매할 수 있는 환경을 만들고, 경험 고객이 재방문할 수 있도록 장치하는 것이 3단계 마케팅의 골격이다.

1단계는 고객이 방문할 수 있도록 고지하는 것이다. 고지의 내용은 만족 블랙박스 변수를 강하게 건드릴 수 있는 브랜드 약속이 중심이 된다. 2단계는 방문한 고객이 구매할 수 있는 환경을 갖추는 것이다. 성실한 실행이 관건이다. 또한 방문 고객이 어떤 경우에도 빈손으로 나가지 않도록 해야 한다는 목표로 구매 환경을 꾸미는 것이다. 3단계는 구매 고객이 재방문할 수 있는 장치를 갖추는 것이다. 재방문이란 본인의 재방문뿐 아니라 다른 사람에게 추천하거나 호의적인 입소문을 내는 것까지 포함한다. 3단계 마케팅의 초점이 새로운 고객을 확보하는 것과 기존 고객을 유지하는 것, 이 두 가지임을 꼭 기억하자.

3단계 마케팅을 '실행'할 때는 순서가 조금 바뀐다는 점도 유념하자. 실행의 첫 과정은 고객이 구매할 수 있는 환경을 세팅하는 것이다. 두 번째 과정은 구매 고객이 재방문할 수 있는 장치를 갖추는 것이고, 마지막 과정은 고객이 방문할 수 있도록 매력적으로 고지하는 것이다. 그래서 3단계 마케팅의 실행은 '구매 환경 세팅 → 재방문 장치 갖추기 → 방문할 수 있도록 고지'의 순서가 된다. 3단계 마케팅은 한 번으로 끝나지 않는다. 단계별로 가장 효과적인 방식을 찾는 현장의 노력이 지속되어야 한다. 이렇게 3단계 마케팅을 반복하면서 고객나무를 키워갈 수 있다.

사장이 두 번째 산을 넘으면서 만들 수 있는 사업 근육은 '마케팅 근육'이다. 생존의 산을 넘으면서 자신이 본능적으로 실행했던 고객 확보·유지 활동에 지식과 기술의 틀을 갖추어서 조직화하는 것이다. 자신의 근육 원형에 기술을 덧붙이는 것이므로 스스로에게 편한 방식으로 이해하고 소화하면 된다. 두 번째 산을 넘는 과정에서 사장에게는 고객의 욕구에 대한 통찰력과 마케팅 근육이 생기고 기업에는 마케팅 시스템이 마련된다.

실전 TIP 5.

고객나무를 키우는 마케팅 근력을 강화하라

고객나무를 키울 때 초점은 두 가지다. 하나는 '새로운 고객을 모으는 것'이고 다른 하나는 '기존 고객을 지키는 것'이다. 그래서 기업의 모든 마케팅 활동을 평가할 때는 "새로운 고객을 모을 수 있는가?" 또는 "기존 고객을 지키는 데 도움이 되는가?"를 물어야 한다. 만약 두 질문 모두에 "Yes"라고 답할 수 있는 정책을 찾았다면 가능한 한 모든 자원을 동원해서 실행에 옮겨야 한다.

그러나 대답이 "No"라면 아무리 그럴듯해 보여도 실행해서는 안 된다. 말 그대로 폼 잡는 데서 끝날 것이다. 무엇보다 기업의 내실화를 저해하며, 실패를 변명하는 사람들의 또 다른 잘못된 의사결정에 빌미를 줄 수 있다.

신규 고객 확보 vs. 기존 고객 유지

현실에서는 신규 고객의 확보와 기존 고객의 재방문 중에서 우선순위를 정한 뒤 마케팅을 진행한다. 보통 사업 초기에는 신규 고객 확보에, 어느 정도 사업이 진행된 상황에서는 기존 고객의 재방문에 초점을 두는 경우가 많다. 그러나 이 둘은 근본적으로 궤를 같이한다. 다만 상황과 시기, 필요에 따라 초점과 우선순위가 조금씩 달라질 뿐이다.

구태여 중요도를 매긴다면 기존 고객의 재방문에 더 가중치를 두어서 생각할 수 있다. 고객의 첫 방문에는 새로움에 대한 호기심 등 상품 외의 요소가 작용하는 반면 재방문에는 상품 구매 후의 고객 평가가 큰 비중을 차지하기 때문이다. 실제로 사업 성패의 핵심은 경험 고객의 재방문을 이끌어낼 수 있느냐에 달려 있다. 단, 현재의 고객은 언제든지 떠날 수 있음을 전제해야 한다. 그래서 기업이 원하는 시기에 원하는 방식으로 새로운 고객을 확보하는 마케팅 역량을 갖추기 위한 노력도 꾸준히 뒷받침되어야 한다.

사장이 마케터가 될 수 있는 방식을 찾아라

일단 사장이 마케터가 되어야 함을 꼭 기억하자. 기본적으로 마케팅은 사람을 움직이는 기술이다. 따라서 조직에 있는 모든 사람이 마케팅의 기본 개념을 알고 자신의 위치에 걸맞게 3단계 마케팅을 실행할 수 있다면 기업은 투입한 돈과 시간만큼 수익을 얻게 된다.

사장이 마케터가 되지 않으면 전사적인 힘의 합, 즉 시너지synergy를 내기 어렵다. 전사적 마케팅에서 사장의 역할은 단순히 의사결정자 이상이다. 사장이 주도하는 마케팅은 기업의 전략으로 작동하지만, 마케팅 부서가 중심이 된 마케팅은 전술적 효과로 그치는 경우가 대부분이다. 전술tactic과 전략strategy은 효과와 결과에서 큰 차이를 보인다. 마케팅의 개념은 강력하지만 그보다 중요한 것은 결국 실행이기 때문이다.

고객나무를 키우기 위한 기업과 사장의 마케팅 역량은 세 번째 산(경쟁의 산)을 넘을 때 힘을 더해서 나타난다. 전략으로서 마케팅의 개념은 경쟁 상황일 때 더 큰 힘을 발휘하기 때문이다. 이제 사장이 넘어야 할 세 번째 산에 대해서 생각해 보자.

12 경쟁자로부터 고객을 지키는 '자기 전략'이 있어야 한다

:경쟁의 산

———————— 고객나무를 아무리 잘 키워도 경쟁자가 등장하는 순간 사업은 어려움에 처할 수밖에 없다. 대부분의 경쟁자는 별도의 공간에서 자신의 고객나무를 새롭게 키워가지 않는다. 내 고객나무를 교묘한 방법으로 빼앗아 가면서 사업을 시작한다. 분명히 내 정원에 뿌리를 내리고 꽃과 열매를 맺던 고객나무들도 경쟁자가 등장하면 금세 다른 사장의 정원으로 옮겨 간다.

사장이 넘어야 할 세 번째 산은 바로 '경쟁의 산'이다.

수요의 길목에 설치된 톨게이트들의 경쟁

세 번째 산은 두 번째 산을 다 내려오기 전에 맞닥뜨리게 된다. 한숨을 돌리거나 쉴 겨를도 없이 헐떡거리며 겨우 올라간 두 번째 산의 정상 부근에서 세 번째 산을 만나기도 한다.

경쟁자의 등장과 함께 사업에서는 '진검 승부'가 시작된다. 경쟁의 산을 어떻게 넘을 것인가에 대한 답은 앞서 경험한 고객의 산을 넘는 과정에서의 노력과 밀접하게 연결되어 있다.

사업의 세계에서 경쟁은 피할 수 없다. 조금 된다 싶으면 내 강점을 무력화시키면서 약점을 공격하는 다양한 형태의 경쟁자가 나타나는 것을 당연하게 생각해야 한다. 문제는 자신의 사업에 집중하기에도 버거운 초보 사장에게 경쟁자를 고려하며 사업하는 일이 현실적으로 쉽지 않다는 것이다. 그래서 경쟁을 하지 않는 것처럼 사업을 강화시키는 자신의 방식을 터득해야 한다. 나는 그 실천 방식으로 두 가지를 제안한다. 첫째는 고객의 상식 범위에서 사업의 '정체성'을 분명히 하는 것이고, 둘째는 고객 관점에서 의미 있는 '1+2 강점'을 확보하는 것이다.

어떤 사업 아이디어를 접했을 때 그것이 자신의 사업이 될 수 있을지를 확인하는 세 가지 질문이 있다.

1. 수요가 있는 일인가?

2. 수요의 길목을 잡을 수 있는가?

3. 효율적으로 운영할 수 있는가?

수요가 없는 일은 아예 사업이 되지 않는다. 앞서 11장에서 강조한 고객나무를 키울 수 없기 때문이다. 고객나무가 없으면 매출은 물론이고 수익을 얻기가 불가능하다. 그래서 모든 사업의 시작점은 기업 외부에 존재하는 수요를 파악하는 것이다.

수요가 있다는 사실을 확인했다면 '객관적 기회'를 포착한 것이다. 그러나 그 기회가 '자신의 사업 기회'가 되려면 그 수요의 길목에 자신의 의지와 노력으로 통제할 수 있는 '톨게이트'를 설치할 수 있어야 한다. 이 톨게이트를 효율적으로 운영할 수 있는 역량과 조직을 갖추었을 때 비로소 그 기회는 사업이 된다.

경쟁자란 수요의 길목에 세워진 자기 자신 외의 톨게이트들이다. 톨게이트가 하나뿐인 시장을 독점 시장이라 하고, 10개쯤 있어도 되는 길목에 2~3개만 설치되어 있으면 과점 시장이라 한다. 그러나 대부분의 사업에서는 3~4개만 있어도 되는 길목에 6~7개의 톨게이트가 설치되어 있어 경쟁이 불가피해진다. 수요의 발길을 자신의 톨게이트로 끌고 가려는 경쟁이 치열해질 수밖에 없다.

경쟁에서 생존하려면 수요가 자신의 톨게이트를 찾도록 어필해야 한다. 그러나 어필만으로는 부족하다. 무질서하게 발생하는 수요가 자신의 톨게이트로 향하도록 능동적으로 관여할 수 있는 상황을 만들어야 한다. 그 첫 단계가 사업자 자신의 정체성identity을 분명히 하고, 해당 수요들이 사업자의 정체성을 인식perception하게 하는 것이다.

사업(브랜드)의 정체성을 만드는 네 가지 요소

'사업 정체성'이란 '이 회사는 무엇을 하는 곳'이라는 고객 인식이다. 사명이나 브랜드명을 듣는 고객의 머릿속에 무엇을 하는 곳인지 명확히 떠오를수록 사업 진행은 유리하다. 고객에게는 그 인식이 브랜드의 실체가 된다. 자신의 사업 정체성이 분명하다면 그 정체성을 고객이 쉽게 기억하고 활용할 수 있도록 해야 한다. 고객 인식이 실제 브랜드의 모습에 가까울수록 사업은 쉬워진다.

사업 정체성에 영향을 미치는 네 가지 요소가 있다. 첫 번째 요소는 앞서 언급한 '브랜드 약속'이다. 두 번째는 '브랜드 접점에서의 고객 인식'이다. 세 번째는 기업의 '브랜딩 노력'이고, 네 번째는 '브랜드에 대한 매체media의 평가'다.

브랜드와 고객은 브랜드 약속으로 연결된다. 브랜드 약속 개발은 고객의 산을 넘는 데도 중요하지만 경쟁의 산을 넘을 때도 중요하게 작용한다. 고객은 약속의 메시지를 듣고 그 브랜드를 상상하고 유사한 상품을 취급하는 다른 브랜드와 구분한다. 앞의 11장에서 언급했듯이 브랜드 약속은 목표 고객의 만족 블랙박스 변수 중 하나를 확실하게 건드리는 것이어야 한다. 브랜드 약속을 개발하고 고객에게 어필하는 것은 사업 정체성을 확보하기 위한 필수 과정이다.

브랜드 약속을 믿고 찾은 고객이 "정말 그렇구나!"라고 평가할 때 해당 브랜드의 정체성이 고객의 기억 속에 호의적으로 쌓이기 시작한다. 사람들은 보통 자신이 경험한 것에 대해서는 쉽게 의견을 바꾸지 않는다. 브랜드 경험이 부정적인 사람에게 브랜드의 긍정적인 면을 계속 어필해도 그의 의견을 바꾸기는 어려울 것이다. 그래서 '브랜드 접점에서의 고객 인식'이 구체적이고 호의적으로 자리 잡을 수 있도록 노력해야 한다. 특히 브랜드 정체성이나 고객 관점에서 핵심 효용과 관련한 단어나 문장을 고객이 쉽게 기억할 수 있는 방법을 찾아야 한다.

기업의 '브랜딩 노력'은 정체성을 기반으로 이루어진다. 브랜딩이란 기업의 정체성을 호의적으로 기억하게 하는 모든 활동이다. 고객 라이프사이클에서 브랜드를 긍정적으로 떠올릴 수 있게 하는 모든 노력이 브랜딩 노력이 된다. 규모가 큰 기업은 TV, 신문 등의 광고나 대규모 이벤트를 통한 홍보를 활용할 수 있지만, 작은 규모의 기업은 앞서 언급한 고객 접점에서의 노력을 바탕으로 효과를 극대화할 수 있는 한두 가지 방법을 찾아서 집중하는 편이 더 바람직하다. 옥외광고가 될 수도 있고, 지속적인 소규모 이벤트가 될 수도 있고, 독특한 콘셉트의 전단이 될 수도 있다.

기업이 브랜딩 노력을 할 때는 단순히 호의적 이미지를 전달하는 데서 그치면 안 된다. 고객 머릿속에 기업 정체성을 강화시킬 수 있는 구체적인 단어나 문장이 기억되도록 창의적인 노력을 지속해야 한다. 즉, 고객의 기억 속에 해시태그(#)를 달 수 있는 방식을 많이 찾을수록 브랜드 정체성은 강화된다. 브랜드 약속·접점에서의 고객 인식·기업의 브랜딩 노력이 한 방향 정렬이 될수록 효과가 크다.

기업이 자신의 정체성에 대해서 아무리 긍정적으로 어필해도 방송, 신문 등 매체의 평가가 부정적이면 고객에게 호의적으로 받아들여지기 어렵다. 고객은 기업이 자신에게 유리한 부분만 어필한 메시지를 전한다고 생각하지만, 매체는 (실제로 꼭 그렇지는 않지만) 중립적인 관점에서 진실을 전한다고 믿기 때문이다.

다행히 요즘은 방송, 신문 등 전통적인 매체 외에도 소규모 기업이 활용할 수 있는 인터넷, SNS 등 다양한 의사소통 수단이 생겼다. 새로운 매체에 익숙한 젊은이가 주 고객이거나 규모가 작은 기업일수록 적은 비용으로 효과를 얻을 수 있는 새로운 매체를 활용할 필요가 있다. 단, 매체가 자신의 브랜드를 다룰 때는 브랜드 정체성을 드러내는 단어나 문장이 포함되도록 적극적으로 관리할 필요가 있다. 브랜드 정체성을 강화하는 일은 고객들이 경쟁자의 톨게이트가 아닌 내 톨게이트를 찾게 하는 가장 기본적인 활동이다.

경쟁의 판도를 바꾸는 '1+2 승리 전략'

이제 경쟁에서 이기는 싸움 방식에 대해서 생각해 보자. 내가 '1+2 승리 전략'이라고 부르는 방식이다. 나의 브랜드 정체성에 고객 관점에서 의미 있는 '1+2 강점'을 더하면 대부분의 경쟁에서 이기는 싸움을 할 수 있다. '1+2 승리 전략'을 구사하는 구체적인 방법은 다음과 같다.

고객 만족 블랙박스의 욕구 변수 중 하나를 선택하고 그 변수를 충족시킬 수 있는 브랜드 약속을 통해 고객과 첫 거래가 시작된다. 이때 기업이 선택한 만족 블랙박스 변수는 브랜드 정체성과 밀접한 관계가 있다.

예를 들어 화장품에서 친환경이라는 변수를 선택한 브랜드는 '친환경'이라는 단어를 중심으로 자신의 브랜드를 어필하고 한 방향 정렬을 시킬 때 브랜드 정체성이 강화된다. 잠재 고객들이 수많은 화장품 브랜드 중에서 그 브랜드를 선택하는 이유는 '친환경'이라는 자신의 만족 블랙박스 변수를 충족시키기 위함이다. 만약 '친환경'이라는 단어를 가진 다른 브랜드가 발견된다면 고객은 갈등할 것이고, 상황에 따라 다른 브랜드 톨게이트로 발길을 돌릴 수 있다.

따라서 경쟁에서 자유로워지고 싶은 기업이 구축해야 할 첫 번째 강점은 고객의 만족 블랙박스 변수 중 기업이 전략적으로 선택한 변수의 영역에 존재해야 한다. 그리고 그 영역에서 'No. 1'이라는 평가를 받을 때까지 지속적으로 노력하고, 'No. 1'의 위치를 차지한 후에도 그 위치를 공고히 하려는 노력을 멈추지 않아야 한다. 즉, 자신의 명확한 강점 한 가지를 분명히 하는 것이다. 여기까지가 '1+2 승리 전략'의 앞부분 '1'의 강점에 대한 설명이다. 이제 뒷부분 '2'에 대해서 생각해 보자.

최근 한 예능 프로그램을 보는데 40대 후반 PD와 20대 패널들이 이름을 부를 때 성을 붙여서 부를 때와 그렇지 않을 때의 차이를 설명하는 것을 보고 나도 고개를 끄덕였다. 아버지가 자녀의 이름을 성을 붙여서 부르는 건 화가 났을 때의 방식이라는 것이다. 나도 지난 행동들을 떠올려보니… 정말 그랬다. 자신도 모르는 사이에 본심을 드러내는 경우가 있음을 통찰했다.

고객도 마찬가지다. 대부분의 사람이 거래의 영역에서 본심을 드러내지 않는 경향이 있다. 고객은 자신의 만족 블랙박스 변수에 대해서는 언급하지 않고 마치 불만족 블랙박스 변수들 때문에 거래한다는 식으로 표현한다. 그래서 '1+2 승리 전략'에서 나머지 '2'의 강점은 고객의 불만족 블랙박스 변수들에서 찾아야 한다. 그런데 뒷부분 '2'를 찾는 과정은 앞부분 '1'을 찾을 때의 접근 방식과는 다소 다르다.

만족 블랙박스 변수(앞부분 '1')의 역할이 고객과의 직접적인 거래를 만드는 것이라면, 불만족 블랙박스 변수(뒷부분 '2')의 역할은 보다 포괄적이다. 만족 블랙박스가 직접적으로 돈을 지불하는 거래에 관여한다면 불만족 블랙박스는 잠재 고객의 평판에 관여한다. 따라서 기업이 실현하기 용이한 변수를 선택해서 브랜드의 강점으로 만드는 행동이 필요하다. 거래의 본질과는 거리가 있지만 고객이 다른 사람에게 부담 없이 긍정적인 의견을 전달하는 소재가 될 수 있기 때문이다.

그래서 '1+2 승리 전략'에서 두 번째와 세 번째 강점은 자기 기업의 문화나 행동 양식 등 기업 내부에 이미 축적되어 있고 조직원에게도 익숙한 역량을 잠재 고객이 받아들일 수 있는 방식으로 드러내면 된다. 마치 오른손이 하는 일을 왼손도 모르게 하다가… 우연히 그 착한 행동이 드러나는 것과 같은 흐름이다.

기업이 '1+2 승리 전략'을 유지하는 싸움을 하다가 부수적으로 성과를 얻는 경우가 있다. 그중 파급효과가 가장 큰 건 고객의 불만족 블랙박스 변수가 시장에서 만족 블랙박스 변수로 전환되는 경우다. 예전에는 고객들이 친환경이라는 특성 때문에 그 상품(브랜드)을 선택하지 않았는데, 시대가 달라짐에 따라 잠재 고객의 상품 선택 기준이 친환경으로 바뀌었다면 새로운 만족 블랙박스가 나타난 상황이 된다.

이때 시장의 새로운 흐름에 맞추어 기업을 재정돈해서 대응하기란 거의 불가능에 가깝다. 그러나 불만족 블랙박스에 존재하던 것을 만족 블랙박스에 담아서 어필하기는 그다지 어렵지 않다. 축구 경기에서 다른 선수가 찬 공을 골키퍼 손에 맞고 흘러나왔을 때 다시 가볍게 차 넣어 득점하는 것과 유사하다.

인생에서도 그렇지만 사업에서도 우연히 기회를 얻는 경우가 많다. 그러나 100퍼센트 우연이란 존재하지 않는다. 뿌려놓은 씨앗이 있었기에 그곳에서 싹이 나고 열매를 얻게 되는 것이다.

고객과의 거래를 위해서는 만족 블랙박스 변수를 찾아내는 사장의 통찰력이 있어야 한다. 그리고 그 변수들 중 하나의 욕구 변수에 전략적으로 집중할 필요가 있다. 경쟁자가 없으면 한 가지 강점이면 된다. 그것이 만족 블랙박스 변수 중 하나라면 더욱 그렇다. 그러나 기업이 두 가지 강점을 갖추고 있으면 웬만한 경쟁자가 생겨도 생존이 가능하다. 세 가지 강점을 갖출 수 있다면 경쟁자는 크게 신경 쓰지 않고 고객에만 집중할 수 있다. 세 가지 강점을 무력화시키면서 시장에 진입하는 경쟁자는 존재하지 않기 때문이다.

사업을 계획하고 시작할 때 한 가지 강점에 하나를 더해 두 가지 강점을 보유하고 있으면 좋다. 사업을 시작한 뒤에는 가능한 한 빠른 시간 내에 강점 하나를 추가해서 세 가지 강점을 갖춘 기업으로 정립하라. 두 가지 강점과 세 가지 강점의 차이는 50퍼센트가 아니라 5~10배만큼 크다. 그렇다고 네 가지 이상의 강점을 만들려고 노력할 필요는 없다. 대부분의 고객은 세 가지를 넘어서는 강점은 기억하지도 못하고 표현하지도 않는다.

실전 TIP 6.

경쟁에서 이기는 '1+2 승리 전략'을 구사하라

경영학이나 마케팅에서 경쟁을 다룰 때 꼭 쓰이는 단어가 '차별화'다. 경쟁을 피할 수 없는 현실에서 기업이 어떻게 차별화를 이뤄야 하는지는 늘 어려운 과제다. 차별화라는 것은 선언한다고 해서 바로 이루어지는 것이 아니기 때문이다. 현재의 고객을 유지하는 일도 버거운 초보 사장에게는 더욱 그렇다. 그러나 핵심 요령이 있다. 바로 '경쟁 상황으로 들어가지 않는 것'이다.

내가 이 책을 통해 말하고 싶은 차별화 방법은 두 가지다. 첫 번째는 '유니크 앤드 스페셜unique & special'이고, 두 번째가 '1+2 승리 전략'이다.

특별하게, 유일무이한 것처럼

'유니크 앤드 스페셜'은 가장 쉬우면서 가장 어려운 접근 방식이다. '가장 한국적인 것이 가장 세계적인 것이다'라는 말을 모티브로 생각해 보자. 이미 완성된, 내가 존재하고 생존하는 방식을 다른 사람이 받아들일 수 있는 형태로 어필하는 것이다.

이 차별화 전략은 '오리지널리티originality'를 가진 사람이나 기업이 사용할 수 있다. 이미 가지고 있는 꼴(존재 방식)을 시장이 받아들일 수 있는 방식으로 어필하는 것이어서 원가가 '0'에 가깝다. 기업이 고집(아집)만 부리지 않는다면 가장 효과적이고 현실적인 방식이 될 수 있다. 그러나 그것이 아무리 매력적인 형태여도 오리지널리티 없이 흉내 내는 방식만으로는 경쟁우위를 확보하기 어렵다. 그래서 가장 쉬우면서 동시에 가장 어려운 방식이다.

내 사업의 존재 자체가 차별화가 된다

'1+2 승리 전략'은 기업 규모와 관계없이 누구나 흉내 낼 수 있는 방식이다. 사업의 정체성을 분명히 하고, '1+2 강점'

을 만들고 유지하는 과정에서 자연스럽게 경쟁자들과 차별화된 고객 인식을 얻게 된다. 그러면 마치 경쟁을 하지 않는 것처럼 고객에게 더욱 집중할 수 있다.

업력이 쌓이고 가용 자원이 많은 대기업과는 달리 업력이 짧고 가용 자원이 적은 소기업이 전략적인 차별화를 논하는 것은 허상에 가깝다. 브랜드 존재 자체가 차별화로 받아들여지는 것이 가장 효과적인 차별화 전략임을 기억하자.

경쟁의 산을 넘는 가장 효과적인 방법이나 요령은 아이러니하게도 경쟁이 아닌 자신에게 초점을 두고 행동하는 것이다. 다른 사람이 하면 돈이 많이 들거나 큰 힘을 들여야 하는데, 자신이 직접 하면 쉽고 싸게 할 수 있는 영역에서 사업을 시작하는 것이다. 또한 다른 사람은 흉내 내기 어려운 자신의 삶의 방식과 진정성이 담긴 아이템 혹은 방식으로 사업을 하면 실제로는 경쟁이 존재하지만 현실에서는 마치 경쟁이 없는 것과 유사한 상황에서 사업을 진행할 수 있게 된다.

경쟁의 산을 쉽게 넘으려면 사업을 계획할 때 다른 사람은 알아도 못 하는 것에서 시작하는 계획을 세우기 바란다.

13 한 방향 정렬로 힘을 극대화하는 방식을 학습해야 한다

:기업 내부의 산

——— 두 번째 산과 세 번째 산을 넘은 사장은 이제 자기 사업의 색깔을 갖게 되었다. 기업 외부에서는 그를 쉽게 건드리지도 무시하지도 못한다. 그러나 사업을 키워나가는 과정에서 전혀 다른 새로운 산을 만나게 된다.

사장이 넘어야 할 네 번째 산은 '기업 내부의 산'이다. 이 산은 '사람'과 '시스템'의 두 개의 봉우리로 나뉘어 있다. 하나는 함께 일하는 직원들(사람)이고 다른 하나는 조직을 움직이는 체계(시스템)다.

효율을 극대화하는 시스템의 구성 요소

기존의 경영학에서 다루는 대부분의 내용은 마케팅을 제외하고는 주로 네 번째 산에서 벌어지는 일들에 대한 것이다. 특히 시스템에 대한 다양한 접근을 연구한다. 네 번째 산을 넘는 단계에 진입한 기업에 중요한 가치는 이제 '효과'에서 '효율'로 바뀌었고, 시스템은 효율을 극대화하는 주요한 접근 방식이다. 먼저 시스템을 구성하는 여섯 가지 요소를 간략하게 살펴보자.

시스템의 첫 번째 요소는 '프로세스process'다. 상품 기획부터 그 상품이 고객에게 전달되기까지의 전체 흐름을 실행하는 과정이다. 기업은 자신의 상품과 전략에 부합한 적절한 프로세스를 찾기까지 여러 번 시행착오를 거친다. 프로세스가 정립되었다는 것은 기업이 안정된 경영을 하고 있다는 방증이라고 표현해도 좋을 만큼 기업 시스템에서 프로세스가 차지하는 비중은 매우 크다. 제대로 된 프로세스를 정립하기 위해서는 기업 운영의 진정성과 전문성이 함께 발휘되어야 한다.

두 번째 요소는 '조직structure'이다. 다양한 조직 형태가 있고 조직 형태별 특성과 장단점이 있다. '어떤 조직 형태를 구축할 것인가'에 대한 고민은 '어떤 조직 형태가 앞서 정립된 프로세스를 가장 효율적으로 담아낼 수 있는가'에서 시작된다. 분석력과 통찰력이 동시에 요구되는 부분이다.

이때 사장이 유의할 것은 기업 규모가 커질수록 한번 정립된 조직 형태를 바꾸기 어렵다는 것이다. 심지어 프로세스가 변경되어도 조직은 기존 형태를 유지하려는 경향이 있다. 이는 사장이 네 번째 산을 넘을 때 가장 큰 장애물이 되기도 한다.

세 번째 요소는 '사람people'이다. 정립된 조직에서 정립된 프로세스를 가장 잘 수행할 수 있는 사람이 누구이며, 그들은 어디에 있고, 어떤 방식으로 기업 활동에 참여시킬 것인가에 대해서 연구하고 실행한다. 특히 조직원 개개인의 특성과 강점을 반영해서 시너지 효과를 얻을 수 있는 방식에 대한 고민이 필요하다. 보통 HRHuman Resources 개념으로 기능한다.

네 번째 요소는 '정보information'다. 자신의 기업에 필요한 정보가 무엇이며, 그 정보를 어디에서 얻을 수 있을지 알고, 축적된 정보를 지식intelligence화하는 모든 활동이다. 급변하는 글로벌 사업 환경에서 중요성이 높아진 부분이다. 규모 있는 기업 대부분은 기업 활동에 영향을 끼칠 수 있는 다양한 정보를 모으고 관리하는 정보 시스템을 운영한다.

다섯 번째 요소는 '의사결정decision making'이다. 조직이 공감하고 이해할 수 있는 의사결정 기준을 확립하는 것은 경영 활동에서 중요한 비중을 차지한다. 경영자의 활동 대부분이 의사결정과 관련돼 있다는 것에 유의해야 한다. 일관성 있고 신뢰할 만한 기준으로 의사결정이 반복되는 조직은 예측이 가능한 기업이지만, 경영자 개인의 특성과 관심으로 의사결정이 달라지는 조직은 신뢰를 얻기 어렵다. 의사결정에서는 필연적으로 효과성을 고려한 적절한 의사소통 방식도 동시에 고민해야 한다.

여섯 번째 요소는 '보상rewards'이다. 조직에서 일하는 사람들이 보상만 바라고 일하는 것은 아니지만 조직이 어떤 보상 체계를 갖고 있느냐는 조직원의 사기에 큰 영향을 끼친다. 모든 보상이 물질적으로만 이루어진다는 생각에서 벗어나 자존심, 명예, 성취감 등 정신적 보상 방법을 함께 연구할 필요가 있다. 물질적 보상rewards과 정신적 보상awards을 잘 조합하면 적은 자원으로도 조직원의 만족을 극대화할 수 있다.

시스템의 한 방향 정렬을 능동적으로 학습해야 한다

기업 시스템 운영의 핵심은 바로 '한 방향 정렬aligning'이다. 인체의 각 기관이 개별 존재가 아닌 몸 전체를 위해서 활동하는 것처럼, 기업 시스템의 각 요소가 기업 전체의 목표를 위해서 유기적으로 활동할 수 있도록 조직하고 운영해야 한다. 그래서 네 번째 산을 넘는 사장은 이전보다 훨씬 더 적극적으로 학습할 필요가 있다. 사장의 개인적인 역량과 매력이 바탕이 된 개인격個人格이 아니라, 시스템이 한 방향으로 정렬되게 구조화하고 전략적으로 작동할 수 있도록 조직격組織格을 발휘해야 하기 때문이다.

오랫동안 'CEO 가정교사'라는 별명으로 활동해 온 내게 경영자를 한마디로 정의하라고 한다면… 나는 기꺼이 "학습하는 사람"이라고 말한다. 타고난 재능이나 쉽게 체득할 수 있는 몇 가지 요령만으로는 네 번째 산을 성공적으로 넘기 힘들기 때문이다. 사장은 반드시 다른 사람의 시행착오와 경영 방식을 직간접적으로 학습하고, 그 과정에서 자기 사업에 적합한 효과적이고 효율적인 방식을 스스로 도출해야 한다. 그래서 사장은 네 번째 산을 넘으며 비로소 '경영자'가 된다.

고객의 산과 경쟁의 산을 넘는 데 도움이 되는 효과적인 방식은 어느 정도 객관적으로 정립되어 있다. 다만 실행이 어려울 뿐이다. 그러나 네 번째 산, 즉 기업 내부의 산을 넘는 일에는 생존의 산을 넘을 때와 마찬가지로 객관적인 답이 없다. 사장이 어떤 철학과 가치를 지향하느냐에 따라서도, 앞서 세 개의 산을 어떤 방식으로 넘어왔느냐에 따라서도 접근 방식이 달라진다. 그 과정에서 기업 시스템을 구체적으로 이해하고, 시스템을 한 방향으로 정렬하고, 전략적으로 운영하는 방식에 대한 사장의 학습은 필수적이다.

경영자에게 필요한 지식은 '다른 사람의 지식을 활용하는 지식'이다. 조직 전체가 하나의 목표를 향해서 유기적으로 움직이도록 관여하고, 각 부문별로 해당 영역에 전문성을 가진 사람들이 능동적이고 전략적으로 일하도록 조직하고 경영하는 것이 사장의 주된 역할이다. 그래서 자신의 태생적 강점을 활용하는 것만으로는 부족하고, 조직이 성장하는 것에 발맞추어 사장 자신도 지속적으로 학습하는 습관을 갖추어야 한다.

조직격이란 무엇인가

사장이 네 번째 산을 넘기 위한 필요조건으로서 조직격이 구체적으로 무엇이며, 어떻게 갖출 수 있는지 생각해 보자.

개인격은 개인의 태생적 특성과 강점을 바탕으로 만들어지는 매력이다. 소규모 조직이나 게릴라 형태의 조직일 때 힘을 발휘하는 사장의 특성이다. 반면 조직격은 조직 시스템을 한 방향으로 정렬해 작동시키는 사장의 학습된 역량이다. 사장의 개인적 관심사나 필요가 아닌 조직 목표와 필요에 적합한 전략과 일관성을 기초로 한다. 그래서 일정 규모 이상의 조직이 되면, 사장은 반드시 조직격을 갖추기 위한 학습 환경에 스스로를 능동적으로 노출시키고자 노력해야 한다.

한마디로 표현하면, 공부해야 한다! 무엇을 어떻게 공부해야 하는가는 여기에서 충분히 다루기 어렵지만, 일정 규모 이상으로 기업이 커지고 지속적인 성장을 생각한다면 사장은 능동적으로 공부해야 한다. 이때 초점은 '조직격을 갖추는 것'에 두어야 함을 꼭 기억하자.

만약 경영자가 조직격을 학습하고자 단 한 권의 책을 숙독해야 한다면, 1966년에 출간된 피터 드러커의 『성과를 향한 도전 The Effective Executive』을 추천한다. 드러커의 핵심 메시지는 "성과를 만드는 능력은 습득할 수 있다"라는 것이다. 드러커는 성과를 내야 하는 위치에 있는 사람은 일정한 습관을 통해 성과를 반복할 수 있음을 강조한다. 그가 강조한 '성과를 내는 다섯 가지 습관(시간, 공헌, 강점, 집중, 성과를 올리는 의사결정)' 중 두 번째 습관, '자신이 공헌할 바를 알고 초점을 맞추는 것'이 조직격 이해에 큰 도움이 될 것이다.

드러커는 성과를 내는 경영자로 기능하려면 현재의 조직에서 자신이 공헌할 바가 무엇인지 알고 그에 집중하라고 강조한다. 한 개인이 조직에서 수행해야 할 자기 업무에서 눈을 돌려 자신의 위치와 상황에서 공헌해야 할 것이 무엇인지 알고 초점을 맞춘다면focusing 그것이 바로 조직격이 된다. 조직 내 모든 개인이 조직격의 의미를 알고 실행하면 직급에 관계없이 그 조직은 역동적으로 작동한다. 단, 사장이 아닌 다른 위치에서의 조직격은 선택과 평가의 영역이 될 수 있으나 사장에게만은 조직격이 필수적인 역량임을 알아야 한다!

앞서 이 책의 41쪽에서 사장의 '타고난 재능'과 '노력으로 축적된 역량'을 구분해서 설명했다. 그리고 30여 년 비즈니스 현장 경험을 통해서 확인한 것은 타고난 재능이 축적된 역량을 앞선다는 것이다. 그러나 조직격을 갖춘 사장이 있는 기업에서는 결과가 바뀌어서 나타난다. 기업의 규모가 클수록 그 차이는 더욱 커진다. 드러커의 주장에서 핵심 단어인 '성과'는 조직격, 특히 사장의 조직격과 밀접한 관련이 있다. 기업 시스템 정립과 운영의 핵심인 한 방향 정렬을 통해서 조직의 성과를 극대화할 수 있기 때문이다.

조직격의 특정한 형태가 별도로 존재하지는 않는다. 오히려 초점, 방향, 지향성 등 목표에 도달하기 위한 일관된 접근 방식의 전략적 행동과 관련 깊다. 개개인의 역량을 바탕으로 하되, 각 개인 역량의 합 이상을 만들어내는 접근 방식은 동서양을 막론하고 조직 개념을 운용하는 곳에서는 모두 고민하고 시도해 왔다. 경영의 영역에서 이와 관련한 구체적인 연구와 적용은 사장이 관심을 가지고 학습할 필요가 있다.

개인을 이해할 때는 34가지 강점 특성에 기초한 갤럽의 스트렝스파인더StrengthFinder, 팀을 이해할 때는 2500년 역사를 지닌, 9가지 성격 유형을 분석한 에니어그램Enneagram, 조직을 운용할 때는 칼 융의 성격 유형 이론을 근거로 한 MBTI 등에서 구체적인 도움을 얻을 수 있다.

조직격이라는 단어는 약 20년 전부터 내가 사용해 온 조어다. 목표가 있는 조직에서 자신에게 요구되는 역할을 알고 그에 따라 행동하는 사장이라면 조직격을 갖췄다고 평가할 수 있다! 개인격이 이미 가지고 있는 역량을 드러내고 실천하는 것이라면, 조직격은 경영자가 의지를 갖고 지속적으로 노력해야 갖출 수 있는 역량이다. 기업에 시스템이 정착되기를 바라는 사장은 반드시 노력해서 갖추어야 한다.

조직격은 조직의 규모와 큰 관련이 있다. 작은 규모의 조직은 사장의 개인격과 조직격이 거의 동일하게 작용한다. 그러나 일정 규모 이상의 조직이 되면 사장은 능동적으로 조직격을 갖추기 위해서 공부하고 노력해야 한다. 규모가 커졌다는 이유 하나만으로 사장의 위치에서 공헌하고 노력해야 하는 초점이 달라지기 때문이다.

일정 이상의 양이 쌓이거나 규모가 커지면 저절로 질적 전환이 일어나는, 일종의 양질 전환量質轉換 메커니즘이 작용한다. 객관적 평가의 중요성, 적재적소의 유용성 등이 경영에서 강조되는 이유는 사장의 위치에 있는 사람이 조직의 성과를 높이기 위해 익숙해져야 하는 조직격이 되기 때문이다. 경영자로서 사장의 고유 기능이 존재함을 꼭 기억하자! 사장에게 높은 연봉이

지급되고 그를 돕는 비서진을 두는 이유가 여기에 있음을 알고 그 역할을 성실히 수행해야 한다.

사장이 '경영자'로 거듭나는 순간

네 번째 산의 돌파 전략은 사장의 '배우려는 자세'에서 시작된다. 앞서 드러커가 강조했던 성과를 내는 습관을 갖추려 노력하는 과정을 통해 사장의 리더십뿐만 아니라 함께 일하는 직원들에게 리더십의 또 다른 형태인 '팔로워십followership'이 자연스럽게 스며들게 된다.

이 장 앞부분에서 네 번째 산이 사람과 시스템, 두 개의 봉우리로 나뉘어 있다고 이야기했다. 이 두 개의 봉우리를 아우르는 접근법의 핵심이 사장의 태도와 자세에서 비롯됨을 반드시 기억하길 바란다.

사장은 조직격을 갖추기 위해 노력하는 과정에서 자연스럽게 '경영자business leader'로 발전하고, 기업 내부에는 사장의 자세와 태도에 영향을 받은 학습 문화가 형성된다. 직원 개개인이 성과에 접근하는 방식을 공론화하고 격려하며 함께 노력하는 과정에서 직원 개인의 성과와 기업 시스템의 성과를 연결시키는 다양한 방식이 도출될 수 있다. 개인과 조직이 성과를 내는 습관에 익숙해질수록 기업 시스템이 내는 성과의 크기는 더욱 커진다. 여기에 사장의 훈련으로 발현된 조직격이 더해지면 더더욱 큰 성과를 얻을 수 있다.

'or'가 아닌 'and'를 추구하는 조직문화의 가치

자식이 부모의 뒷모습을 보고 배우듯 기업의 모든 직원은 사장의 뒷모습을 보고 배운다. 그래서 조직에 긍정적인 영향을 주는 최선의 방식은 사장이 누군가에게 설명하고 가르치는 것이 아니라 스스로 직원이 배울 만한 모습으로 살아가는 것이다.

이때 사업에 진정성을 가진 사장은 'or'가 아니라 'and'를 추구하는 태도를 지녀야 한다. 회사와 직원을 정예 요원으로 키워 가려면 자신은 물론 조직 자체를 'or'가 아닌 'and'를 당연하게 추구하고 실행하는 문화로 만들어야 한다. 그렇다면 'or'는 무엇이고 'and'는 무엇인가?

사장은 일 자체와 성과를 엄격하게 평가하고 냉정한 태도를 취해야 한다. 만약 지속적으로 성과를 내지 못하는 사람이면 그 일에서 빼내야 한다. 심지어 회사에서 내보낼 수도 있다.

오해하지 말자. 성과를 내지 못한 사람을 내치라는 뜻이 아니다. 성과에 대한 책임은 언제나 사장에게 있다. 그 사람이 그 일에 적합하지 않다는 뜻이다. 그 사람에게는 다른 적합한 일을 맡겨야 한다. 만약 자신의 회사에서 그 일을 찾아낼 수 없다면 성과를 창출할 수 있는 다른 곳으로 보내야 한다. 끝까지 그 사람을 붙들고 있는 것은 오히려 무책임하다. 대신 그가 회사 내에서든지 밖에서든지 성과를 낼 수 있는 일을 찾도록 도와야 한다. 사장은 일과 성과에 냉정하되, 함께 일하는 사람들이 내일의 성공자가 될 수 있게 구체적인 방법으로 성과를 내도록 돕는다. 이것이 바로 'and'의 태도다.

성장과 성과를 위해서는 가치가 희생될 수 있다고 말하는 사람들이 많다. 그렇지 않다. 이는 'or'의 태도다. 가치를 추구하면서 성과를 내도록 독려하고 사장도 자신의 고유 활동 영역에서 최선을 다해야 한다. 'and'의 태도로 최선을 다했지만 결국 'or'의 결과밖에 얻지 못했더라도 최선을 다해서 고민하고 노력하는, 즉 'and'를 지향하는 태도는 함께 일하는 직원에게 영향을 미친다. 즉각적으로 나타나지는 않지만 보이지 않는 구석구석으로 스며들고 적절한 때가 되면 직원에게서 동시다발적으로 'and'의 태도가 수반된 성과가 구현된다. 사장의 태도는 조직의 문화를 만들어내기 때문이다.

한 드라마에서 나온 대사인데 의미 있다고 생각해서 소개한다. "전쟁은 쉽고 평화는 어렵다." 그렇다. 'or'의 태도로 일하는 사장은 늘 변명거리가 있고 결정도 쉽게 한다. 'and'의 태도로 일하는 건 훨씬 더 어렵다. 성과를 내는 동시에 일하는 사람의 성장을 함께 얻으려는 시도는 일을 복잡하게 만들 수 있고, 기업 운영을 비효율적으로 보이게 할 수도 있다.

그러나 진정성 있는 사장의 태도는 진정성 있는 사람에게 그대로 스며든다. 당장은 어려울지 몰라도 기업 내부의 산에 좋은 거름을 뿌리는 것과 같다. 그래서 내가 내부의 산을 넘는 사장에게 요구하는 한 가지 태도는 바로 'or'가 아니라 'and'를 추구하라는 것이다.

이제 'or'가 아닌 'and'를 추구하는 자세와 태도가 구체적으로 어떤 행동으로 나타날 수 있는지 생각해 보자.

1. 최선을 얻을 수 없다면 차선을 선택하되, 늘 최선을 추구하는 노력을 기울인다.
2. 평범한 사람이 성과를 낼 수 있는 시스템을 구축하되, 타고난 재능을 가진 사람들이 활약할 수 있는 환경을 만든다.
3. 적은 비용도 근검절약하되, 꼭 필요한 일에는 큰돈을 아끼지 않는다.
4. 즉각적으로 성과를 낼 수 있는 일에 집중하되, 미래를 위해서 끊임없이 생각하고 투자한다.
5. 성과에 대해서 냉정하게 평가하되, 그 일을 하는 사람에 대한 기대를 멈추지 않는다.

6. 철저하게 '돈이 되는' 일인지 확인해서 의사결정을 하되, 동시에 어떤 것이 함께 일하는 사람과 사회에 가치 있는 일인지 생각한다.
7. 시장의 변화에 주목하여 대응하되, 내부의 준비와 지향하는 가치에 적합한지 살핀다.
8. 시스템으로 조직을 운영하되, 그 시스템을 운영하는 사람의 가치를 우선한다.

네 번째 산을 넘는 사장은 힘들지만 행복하다. 이제 효율을 추구할 수 있는 단계에 이르렀고, 시스템을 통해 성과를 반복하는 방식을 고민하는 때가 되었기 때문이다. 한마디로 기업 운영을 통해 돈을 벌 수 있는 시기가 찾아왔다. 또한 자신을 성장시킬 기회를 만났다. 네 번째 산을 넘으면서 시스템과 사람의 봉우리를 잘 갈무리한다면 지속적으로 성장할 수 있는 기반을 갖출 것이다.

실전 TIP 7.

목표·전략·전술의 한 방향 정렬과 조직력 갖추기

CEO 가정교사로서 어느 조직에 불려 가면 그 회사의 사장에게 환대를 받지만 임원에게는 별로 환영받지 못한다. 사장 말고도 사장의 '선생'이 생겼기 때문이다. 그때 내가 많이 활용하는 테스트가 있다. 회사의 현재 상태를 알 수 있는 단순하지만 매우 효과적인 방법이다.

한 방향 정렬aligning **여부를 먼저 확인한다**

먼저 임원들 앞에 빈 종이 한 장과 볼펜 한 자루를 둔다. 그리고 세 가지 질문에 답하게 한다. 첫째, 회사의 올해 목표가 무엇인가? 둘째, 그 목표를 달성하기 위해 회사는 어떤 전략으로 접근하고 있는가? 셋째, 각 사업부·부서·팀은 그 전략을 실행하기 위해 어떤 전술적 역량을 발휘하고 있는가?

사장이 나를 부른 이유는 회사에 뭔가 문제가 있어서고, 그 문제 해결에 내가 도움이 되었으면 하는 기대 때문이다. 오랜 경험을 통해서 알게 된 것은 기업에 문제가 있다고 할 때 그 이유는 십중팔구 각 사업부·부서·팀의 개별적 행동이 전체적으로 조화되지 못했기 때문이다. 그리고 사장이 이를 적절하게 조정하지 못하는 경우가 대부분이다.

몇 명의 임원이 모여 있는가에 관계없이 그들이 쓴 목표는 단 하나여야 한다. 그러나 이 테스트를 진행한 조직 중에서 임원이 전부 하나의 목표를 쓴 조직은 단 하나도 없었다. 심지어는 열한 명의 임원이 열 개의 목표를 적은 경우도 있었다. 목표라는 초점이 공유되지 않은 상태에서 진행되는 각 부문의 노력들이 무슨 의미가 있겠는가?

10분가량의 테스트가 끝나고 나면 임원들은 자의 반 타의 반으로 내 존재를 받아들이게 된다. 그 순간 나는 이렇게 강조한다. "목표는 토씨 하나까지 똑같이 기억해야 합니다. 전략은 같은 이해를 해야 합니다. 전술적 실행은 각 사업부·

부서·팀의 강점을 발휘할 수 있는 방식으로, 창의성과 다양성을 가지고 진행되어야 합니다." 이것이 사장이 조직격으로 해내야 하는 한 방향 정렬이다.

조직은 인체와 같은 시스템으로 움직여야 한다

다음의 말은 우리 인체 각 기관의 작동 개념을 명확히 설명해 준다.

> 모두는 하나를 위해, 하나는 모두를 위해all for one, one for all.

심장은 심장 스스로를 위해 존재하지 않는다. 심장은 몸의 모든 세포에 산소와 영양분을 실은 혈액을 전달하기 위해서 하루 10만 번의 펌핑을 반복한다.

우리 몸에서 대사 활동(물질을 통한 장기 간의 교환 기능)의 중심에 있는 간도 자신을 위해서 존재하지 않는다. 간은 장에서 흡수된 영양소를 확인하고 비타민, 미네랄, 호르몬 대사가 원활하게 진행되도록 돕고, 특히 외부에서 들어온 약물이나 독성 물질을 해독·살균한다.

우리 몸에 두 개 달린 신장은 혈액 속 노폐물과 불필요하게 많은 수분, 무기염류를 소변으로 만들어 내보냄으로써 혈액의 이온 농도와 혈압을 조절한다. 조물주가 인간을 창조했을 때 몸의 각 기관에 고유의 기능을 부여했고, 기관들은 자신에게 부여된 역할에 충실함으로써 우리 몸은 항상성homeostasis을 유지하며 생존할 수 있다.

조직組織, organization이란 어떤 기능을 수행하도록 협동해 나가는 체계다. 그래서 사장은 조직의 각 부분이 자신의 역할에 최선을 다하도록 촉구하고, 그 역할들의 합이 최선의 결과를 이끌도록 한 방향으로 정렬시키는 역량을 지속적으로 키워가야 한다.

14 사장은 사업을 통해서 자신의 삶을 살아야 한다

:자기 자신의 산

———————— 기회를 보고 사업을 시작한 사장에게는 생존의 산과 고객·경쟁·기업 내부의 산을 넘으면서 사업 내공도 생기고 사업 근육도 만들어졌다. 어느 정도 사업 기반도 확보되었다. 그 과정에서 사장은 장사꾼·마케터·경영자로 성장한다.

사장을 배우에 비유해 보자. '장사꾼'은 무명 배우가 연기력으로 인정받는 시기에 불리는 명칭이다. '마케터'는 자신의 캐릭터가 분명한 배우들을 가리킨다. '경영자'는 주어진 배역의 특성을 충분히 살리면서 자신의 캐릭터를 풍성하게 하는 배우다. 장사꾼과 마케터가 사장이 직접 뛸 때 붙는 명칭이라면, 경영자는 다른 사람과 함께 그리고 다른 사람을 활용하면서 일하는 경우에 붙는 명칭이다.

실제로 사장은 생존의 산을 넘으면서 장사꾼이 되고, 고객의 산과 경쟁의 산을 넘으면서 마케터가 된다. 그리고 기업 내부의 산을 넘으면서 경영자로 변신한다.

이제 사장이 맞닥뜨리는 마지막 산은 '자기 자신의 산'이다.

사장에게 자신의 사업이란 무엇인가

어느 날 갑자기 스타가 되는 연예인은 두 가지 유형으로 나눌 수 있다. 하나는 말 그대로 자고 일어났더니 유명해진 경우다. 또 하나는 오랜 무명 시절을 거치면서 고생하다가 우연한 기회에 대중의 주목을 받아서 유명해진 경우다.

스타급 연예인이 자살했다는 기사를 접할 때는 예외 없이 전자의 경우임을 확인할 수 있다. 차근차근 본질을 쌓아서 성장한 사람은 성공한 자신의 모습과 많은 이의 관심을 누리고 즐길 수 있다. 그러나 어떤 외부 요인으로 성공을 경험한 사람은 그 요인이나 환경이 바뀌면 가진 것을 박탈당할 수 있다는 불안을 갖게 되고, 그 불안과 상실감이 극대화되면 현실을 도피하는 결정을 하는 경우가 많다.

어떻게 사장이 되는가? 회사를 만들고 사장이 되면 된다! 그러나 어떻게 '진짜 사장'이 되는가? 사업에 대한 진정성을 가지고 생존의 산, 고객의 산, 경쟁의 산, 기업 내부의 산을 넘으며 생존력, 사업 정체성, 지속적인 경쟁우위, 조직력을 갖출 때 진짜 사장이 된다. 그리고 마지막 산, 자기 자신의 산을 넘어야 인생에서 성공하는 사장이 된다.

사장은 자기 자신의 산에서 다음 세 가지 도전에 직면한다.

1. 현재의 사업에 자신의 강점과 특성이 얼마나 반영되고 있는가?
2. 현재의 아이템과 사업 방식이 자신의 삶의 가치에 부합하는가?
3. 사업이 인생이 되고 있는가?

이윤이 목적의 중심인 비즈니스 세계에서 일류의 삶을 사는 것은 쉽지 않다. 앞의 네 산을 잘 넘어온 사장이 마지막 산에서 좌절하거나 좌초하는 것은 자신의 삶 속에서 사업이 수용되지 못하기 때문이다. 돈은 버는데 삶이 망가지는 것이다.

첫 번째 산(생존의 산)에 나머지 네 개의 산이 축소되어 있다고 언급한 바 있다. 그래서 사업을 시작하기 전에 '내가 사업을 하려는 목적은 무엇인가?' '내가 본 사업 기회는 어떤 것이며 나의 어떤 강점과 역량을 바탕으로 그 기회를 풀어갈 것인가?' '내가 삶에서 지향하는 가치는 무엇인가?' '사업을 통해서 자신을 지속적으로 성장시키려는 욕구가 있는가?' 등의 질문을 던져 자신의 답을 확인해야 한다.

그리고 첫 번째 산을 넘으면서 'or'가 아닌 'and'의 태도를 가지고 생존의 방식을 강구해야 한다. 그래야 그것이 자신의 '사업 DNA'가 되고, 다섯 번째 산을 넘을 수 있는 중요한 씨앗이 된다. 사업도 어렵고 생존도 쉽지 않은데 가치와 삶을 논하는 게 사치처럼 느껴질 수 있다. 그러나 자기 자신의 산은 어떤 성공한 사업가도 피할 수 없는 마지막 관문이다.

사업체가 성공적으로 운영되고 있어도 그 일이 사장 자신의 특성이나 강점을 발휘하지 못하는 것이면 그저 돈 버는 일일 뿐 자신의 삶이 되긴 어렵다. 그래서 성공한 창업자 중에는 회사가 궤도에 오르면 자신의 역할을 기술이사로 국한시키고 별도의 경영자를 영입하는 경우도 있다. 회사에서의 위치를 중히 생각하기보다는 삶의 일부분으로서 사업을 한다는 분명한 태도다. 이는 회사에도 대외적인 신뢰성을 더해서 유익한 결과를 가져온다. 그러나 이러한 태도와 결정이 일반적인 기업 생태계에서는 특별한 것으로 치부된다. 쉽지 않은 결정이라는 뜻이다.

성공한 사장이 공허해지는 이유

사업이 궤도에 오른 상태에서 사장이 가장 힘들어할 때는 사업이 윤리적으로나 사회적으로 비난받는 상황에 놓일 때다. 정상적인 아이템을 다루고 있지만 사업을 하는 방식이 자기 삶의 가치에 부합하지 못할 때도 사장은 어려움을 겪는다.

2004년 가을 오후, 50대 후반쯤 되어 보이는 중년 신사가 내 사무실을 찾아왔다. 그는 함께 온 비서에게 차에 가 있으라고 한 다음 내게 통장 하나를 내밀며 이렇게 말했다. "50억입니다. 회사를 하나 만들어주실 수 있나요?"

그는 살짝 당황스러워하는 나를 앞에 두고 말을 이어갔다. "30대 중반에 얻은 하나밖에 없는 딸이 두 달 후에 결혼합니다. 사돈댁에 보여줄 진짜 명함이 필요합니다." 그 사장님은 어려운 가정 형편을 극복하고 대부업으로 성공한 사업가였다. 많은 식구를 공부시키는 등 집안의 큰 기둥으로 인정받는 분이었는데, 딸의 결혼을 앞두고는 자신이 하는 일에 회의가 생긴 듯했다.

그의 안타까운 사연과 필요는 이해되었으나 당시의 나는 회사를 급조하는 일은 할 수 없었다. 그래서 이렇게 대답했다. "제 생각에는 보이기 위한 회사를 만들기보다는 현재의 일에서 사장님의 그 마음이 투영될 수 있는 새로운 시도들을 해보시는 게 어떨까 합니다…. 죄송합니다…." 근심 가득한 얼굴로 돌아서는 그 사장님의 모습이 쉽게 잊히지 않는다.

내게는 아들이 하나 있다. 내 기억 속에는 자전거를 타고 동네를 종횡무진 누비는 까맣고 통통 튀는 어린아이였는데, 어느 날 보니 산만한 덩치로 어기적어기적 걷는 성인이 되어 있었다. 병역의무까지 마친 졸업반 대학원생의 모습이 내 아들로는 생소하게 느껴진다.

초등학교 입학 전에는 세 식구가 함께 찍은 사진이 많았는데, 중·고등학교 시절 사진은 찾아보기 어렵다. 심지어 아이의 학교 졸업 사진에도 내 얼굴이 없다. 어느 날 집안 어른들께 인사를 드리고 돌아오는 길에 "아빠랑 좀 놀다 갈까?" 했더니 바로 이런 대답이 돌아왔다. "싫어. 내가 놀자고 할 때는 안 놀고…."

아들이 초등학교와 중·고등학교를 다닐 때 나는 사업에 바빠서 밤늦게 귀가했다가 새벽에 출근하곤 했다. 한창 아빠와 놀아야 할 때 혼자였던 서운함이 15년이 훌쩍 넘은 지금도 아들의 마음에 남아 있었다. 이런 생각이 들었다. '뭐 그렇게 대단한 일을 하면서 살아왔다고…. 하나밖에 없는 아들과도 쉽게 어울리기 어려운 삶인 것을….'

사업은 그 자체로 사장의 삶이다

장사꾼·마케터·경영자의 모습으로 살아온 사장에게 회사는 무엇이고 직원들은 무엇인가? 회사가 어느 정도 안정된 궤도에 올랐다고는 하지만, 여전히 대내외적으로 안심할 수 없고 긴장을 유지해야 하는 것은 사업 초기와 다름없다. 젊었을 때는 열심히 뛰어다니면서 새롭게 얻는 성과와 계획대로 되어가는 맛에 즐겁게 일했지만, 사업이 어느 정도 진행된 지금은 눈에 다 보이는 일들을 확인하는 정도의 일상을 보낼 뿐이다. 그나마 눈빛이 살아 있고 열심히 해보려는 태도의 직원들을 보면서 그들의 미래를 상상하는 게 이전에 없던 즐거움이랄까….

사장에게는 사업에 대한 '신념'이 필요하다. 처음부터 신념이 분명할 수는 없어도 자신을 따르는 사람들이 생기면 반드시 자신의 사업 신념을 정립해야 한다. 따르는 사람들이 생겼다는 것은 사장이 리더가 되었다는 뜻이고, 리더에게 꼭 필요한 덕목이 바로 신념이기 때문이다. 역량이 다소 부족한 리더는 사람들에게 큰 영향을 미치지 않지만, 신념이 없는 리더를 따르려는 사람은 없기 마련이다.

사장 개인의 삶을 위해서도 사업에 대한 신념은 필요하다. 사업이 삶의 일부가 되지 않는 한 돈 버는 일 외의 역할을 하지 못하기 때문이다. 돈 외에 아무것도 남지 않은 사장에게는 돈으로 할 수 있는 것들(술, 쾌락, 낭비, 과시, 외로움 등)만 남게 된다. 사업에서 성공했어도 인생에서 실패하면 그 삶을 어떻게 평가할 수 있을까?

사업에서 물러난 후에 가치를 지향하는 삶을 생각할 수 있다. 하지만 이는 직장인에게 어울리는 생각이다. 사장에게는 정년도 없고 은퇴도 없다. 그래서 사업 그 자체에 삶을 담아야 한다. 자신의 관심과 강점, 특성을 반영하는 일이 사업이 되어야 한다. 또한 사회에 꼭 필요한 일에 자신이 가치를 부여하는 방식으로 사업을 시작하고 발전시켜 가야 한다.

성공과 실패를 반복하면서 사업 신념을 갈무리하고 장사꾼·마케터·경영자로 자신을 성장시켜 온 사장에게는 외로움을 느낄 여유도 없다. 가정에 대해서는 여전히 해결책을 찾기가 쉽지 않지만, 이렇게 진정성을 가지고 사업하는 사장이라면 사업과 가정을 조화시키기 위한 창의적 시도들을 다양하게 하지 않을까 생각한다.

대한민국의 사장 중 절반은 생존의 산을 넘지 못하고, 나머지 절반 중에는 고객의 산과 경쟁의 산을 넘고도 기업 내부의 산에서 헤매는 사장이 다수다. 그 어려운 과정을 거치면서 자신을 발전시켜 왔음에도 불구하고 마지막 자기 자신의 산에서 지나간 시간을 아쉬워하는 '성공한' 사장도 많다. 외부의 공격은 방어할 수 있어도 스스로 묻고 답해야 하는 자신의 산을 넘어서기는 참 쉽지 않다.

다섯 개의 산을 넘을 수 있는 사장의 사업 DNA는 사업을 시작하는 시기의 첫 마음과 절실함과 부지런함으로 생존의 산을 넘으면서 만들어진다. 사업 신념을 분명히 하고 생존의 산을 넘은 사장은 자신도 의식하지 못한 사이에 마지막 산을 거뜬히 넘게 해줄 씨앗을 미리 뿌린 것이다. 사업 시작 시기에 삶 속에서 사장으로서의 승패가 이미 결정된다는 뜻일 수 있다. 그래서 사장이 되고자 하는 사람이라면, 어떤 상태에 있느냐에 상관없이 자신의 사업을 통해서 오늘을 살아야 한다.

그것이 실패의 상황이든 성공의 상황이든, 돈을 구하러 다니는 상황이든 여유 자금으로 다음 사업 기회를 탐색하는 상황이든 관계없이, 자신의 사업 신념에 맞게 생각하고 판단하고 의사결정하고 실행해야 한다. 오늘 인생에서 성공하는 방식으로 사업하지 않는 사장에게 내일의 성공은 존재하지 않는다.

실전 TIP 8.

객관적 관점에 주관적 신념을 더하라

사장에게 일차적으로 필요한 것은 사업에 대한 '객관적 관점'이다. 그래서 자신의 사업을 계획하고 진행하는 사장이라면 반드시 알아야 할 두 개의 주제가 있다.

첫 번째 주제는 '비즈니스 패러다임'이다. 언제 어떤 방식으로 거래가 시작되고 어떻게 해야 그 거래를 지속할 수 있는가? 사업은 어떤 형태로 성장하는가? 사업에서 질적인 차이를 만들어내기 위해서는 구체적으로 어떤 노력을 해야 하는가? 자연의 세계는 물론 직장이나 가정의 생활과도 다른 비즈니스 세계에 대한 객관적 이해와 관점을 갖지 못하면, 사장이 아무리 노력하고 열과 성을 기울여도 원하는 결과를 얻을 수 없다.

사업을 계획하는 사장이 꼭 기억해야 할 두 번째 주제는 '비즈니스 프로세스 10단계'다. 사업의 시작점은 어디인지, 어떤 과정을 거치는지, 그 끝이 무엇인지 사장은 명확히 알아야 한다.

경험 없는 사업에서 실패를 줄이고 성공 확률을 높이려면 이 두 가지 주제에 대해 사장이 필히 공부해야 한다. 이 과정과 내용을 안다고 해서 성공을 자신할 수는 없지만, 이를 모르는 사장은 무지와 무경험의 대가를 톡톡히 치르게 될 것이다. 비즈니스 패러다임과 비즈니스 프로세스 10단계는 『사장학 수업』 시리즈의 마지막 책에서 다룰 예정이다.

'상황을 만드는 지식'의 소유자가 되어라

초보 사장이 처음부터 사업에 성공하는 경우는 매우 드물다. 간혹 쉽게 성공한 것처럼 보이는 사장도 그 여정을 살펴보면 거의 예외 없이 이 책의 2부에서 설명하는 '다섯 개의 산'을 넘었거나 또는 넘는 과정에 있음을 알 수 있다.

사업과 인생에서 성공하기 위해서는 비즈니스에 대한 객

관적 관점에, 사업에 대한 자신의 주관적 신념과 철학이 더해져야 한다. 사장이 되는 일의 가치와 보람이 여기에 있는지도 모른다.

사업에서 성공이 보장되는 경우는 없다. 단지 성공 확률을 높여갈 뿐이다. 사업은 성공과 실패가 반복되는 게임의 성격을 가졌기에 끝까지 노력해야 한다. 단, 자신의 신념이 담기지 않은 사업을 끝까지 지켜갈 수 있는 사장은 없다. 그래서 사장은 객관적 관점에 주관적 신념을 더한 개념인 '객관적 신념'을 가지고 사업을 해나가야 한다. 또한 상황을 분석하는 지식보다는 상황을 만드는 지식에 익숙한 삶을 살아야 한다.

사장으로서 다섯 개의 산을 넘으면서 경험을 쌓고, 사업 근육을 키우고, 지식을 더할 때 유의할 사항이 있다. 아이의 울음소리를 듣고 배고파서 우는지, 아파서 우는지, 옷이 축축해서 우는지를 잘 구분하는 아동심리학자는 '상황을 분석하는 지식'의 소유자다. 그러나 아이를 안기만 하면 울음을 뚝 그치게 만드는 옆집 아주머니는 '상황을 만드는 지식'의 소유자다. 투수의 구질과 적절한 볼 배합을 조언하는 야구해설가는 상황을 분석하는 지식의 소유자다. 그러나 꼭 삼진이 아니어도 자기 방식으로 아웃 카운트를 늘려가는 투수는 상황을 만드는 지식의 소유자다.

사장으로 성공하기 위한 기본적인 태도는 상황을 분석하는 것에서 멈추지 않는 것이다. 상황을 만드는 지식이 아니라 상황을 분석하는 지식만 많이 가지게 되면 '되는 방식'이 아니라 '안 되는 이유'를 설명하는 데 더 열심이 된다. 사장에게 상황을 분석하는 지식이 필요한 이유는 사장이 원하는 상황을 만들기 위함이 되어야 한다. 가능한 한 조직 내에 상황을 만드는 지식이 쌓이도록 노력하고 관리하라. 그 시작점은 사장이다.

다음 3부에서는 사장에게 꼭 필요한 지식에 접근하는 노하우와 생각의 방식에 대해서 알아보자.

3부

사장의 내공 쌓기

사장에게는 '되게 하는' 자기 공식이 있어야 한다.

사장은 사업 진행의 전체 과정을 통해서
자신의 공식을 가다듬고…
결국은 자신만의 '이기는 공식'을 정립한다.

3부에서는
자신의 이기는 공식을 만드는 과정에 도움이 될
몇 가지 관점과 접근 방식을 생각해 보자.

15 'Before-Do-After'로 구분해서 생각하고 행동하라

———————— 사장은 '지혜로운' 또는 '지혜롭게 행동하는' 사람이 되어야 한다. 변화하는 외부 환경을 주시하면서 기업의 방향과 행동 초점을 정돈하는 핵심 역할자이기 때문이다. 사장의 지혜는 기업 활동 전반에 걸쳐서 필요조건으로 작용한다.

그렇다면 사장에게 필요한 지혜는 무엇일까? 누군가 내게 지혜의 정의definition에 대해 물으면 나는 기꺼이 '구분'이라고 대답한다. 내가 살아온 경험치를 바탕으로 생각했을 때 지혜의 8할은 '구분'이며, 특히 자기 사업의 방향, 순서, 행동의 가중치에 대한 사장의 지혜로운 판단이 필요하다.

사장의 지혜는 '구분'에서 시작된다

사장이 가장 먼저 확인할 것은 사업의 방향이다. 무엇을 위해서 어떤 목적을 가지고 사업을 하고 있는지 스스로 분명한 태도를 가져야 한다. 대전에서 기차를 타려고 한다면 서울로 가는 방향인지 부산·광주로 가는 방향인지 먼저 구분해야 한다. 방향을 잘못 설정하면 실행 과정에서 밀도 높은 노력을 할수록 더욱 큰 대가를 치른다. 또한 사장은 사업이 궤도에 오르면 자신의 삶이 어떻게 달라질지 상상해 봐야 한다. 사업이 실패했을 때는 물론이고 성공했을 때도 자신이 애초에 생각했던 것과는 다른 방향으로 인생이 전개될 수 있음을 생각해 봐야 한다.

누구나 사업에서 좋은 결과를 얻기를 바라지만, 대부분의 경우 좋은 결과를 도출하는 답은 특정한 정답으로 존재하기보다는 그 결과를 얻기 위해 노력하고 시도하는 과정에 숨겨져 있다. 그래서 가능한 한 자신의 가치관과 인생관에서 옳다고 생각하는 바를 옳은 방식으로 성취하기 위해서 노력해야 한다. 그 방향이 옳은 경우 사업의 과정에서 치르는 시행착오와 실패들은 모두 삶의 자양분이 되고, 끝내는 이기는 자의 삶으로 귀결될 수 있다.

그다음으로 중요한 것은 먼저 할 것과 나중에 할 것을 구분하는 것이다. 순서를 정하는 것도 지혜의 영역이다. 순서를 잘못

정하면 효과의 단계를 넘지 못하거나 또는 효과는 얻었어도 비즈니스의 핵심인 효율에는 접근하지 못할 가능성이 크다. 먼저 할 것과 중간에 진행하면서 조율할 것 그리고 나중에 할 것의 순서를 알고 실행 계획을 세워야 한다.

만일 경험이 없는 일을 하게 되었다면 처음부터 효율efficiency을 얻으려고 하기보다는 효과effectiveness의 기간을 단축할 수 있는 구체적인 방법이나 방식을 찾기 위해 노력하는 게 훨씬 지혜로운 행동이다. 일의 순서를 알고 있다면 그 사람은 이미 그 일의 절반을 수행한 것과 같다. 일의 순서를 알지 못하면서 그 일을 쉽게 성취할 수 있다고 주장하는 사람을 만난다면 가능한 한 피하는 것이 좋다. 또한 일의 순서를 아는 사람에게 조언을 구하고, 그 조언을 얻는 대가를 지불하는 것이 바로 지혜로운 행동이다.

일의 실행 단계에서 가중치를 알고 활용하는 것이 지혜로운 행동의 핵심이다. 열 가지 실행 항목이 있다면 그중 가중치가 높은 한두 가지 영역에 먼저 집중하고, 나머지는 상황과 필요에 따라서 순서를 정해서 행동하는 데 익숙해질 필요가 있다. 가중치가 높은 영역에 우선적으로 집중할수록 의도하는 결과를 훨씬 쉽게 얻을 수 있기 때문이다.

실제로 가중치가 높은 한두 가지 영역의 실행으로 전체 진행에서 필요한 70~80퍼센트가 해결되는 경우가 많다. 그래서 일과 사업에서 대부분의 '프로professional'들은 앞서 언급한 '순서'의 중요성을 알고, 실행의 단계에서 '가중치'를 연결해서 행동하기를 습관화하고자 노력한다. 단, 가중치가 낮은 영역이라도 사업을 유지하는 데 영향을 줄 수 있는 변수들(법률, 현지의 문화 등)은 염두에 두고 별도의 관리를 해야 한다.

모든 일에는 반드시 'Before' 과정이 존재한다

이제 지혜의 8할이라고 강조한 '구분'을 활용해서 익숙해지면 큰 도움이 되는 'Before-Do-After 모델', 즉 'BDA 모델'을 살펴보자.

어떤 일이 될 만한 일인지 아닌지는 어떤 'Before' 과정을 거쳤는지를 통해 상당 부분 예측할 수 있다. 구분의 비결은 앞서 언급한 효과와 효율의 구조에 대한 통찰에서 비롯된다. 효과의 기간을 생략한 효율의 추구는 불가능한 것처럼 일의 성격과 관계없이 'Before' 과정 없이 바로 'Do'로 진행되는 비즈니스 또한 존재하지 않는다.

주변에서 벌어지는 많은 일이 처음부터 'Do'의 형태로 진행되는 것처럼 보이지만, 실제로는 빙산의 드러나지 않은 아랫부분처럼 준비된 또는 준비해야 하는 'Before' 과정이 반드시 존재한다. 다만 직접적인 이해당사자가 아니면 그 과정이 외부에서 파악되지 않기에, 마치 'Before' 없이 바로 'Do'로 진행되었다고 오해하고 착각하게 된다.

'Before'로서 가장 대표적인 것은 사장이 이미 확보한 전술적 역량이다. 자신이 새롭게 시작하려는 또는 확장하려는 영역이 이미 확보한 전술적 역량을 활용하는 것이라면 괜찮지만, 만약 새로운 역량이 필요한 상황이라면 그 일을 통해서 처음부터 효율을 얻으려는 시도는 실패하거나 부진한 결과를 얻을 가능성이 높다.

우리는 보통 좋은 아이디어가 있으면 그것이 곧 이루어질 수 있으리라 생각한다. 그러나 어떤 일이 되게 하는 데 아이디어가 차지하는 비중은 기껏해야 10퍼센트 정도다. 아이디어를 실행할 수 있는 확인된 역량과 구체적 전략, 역량을 실행에 적용할 수 있는 기반의 유무가 나머지 90퍼센트를 차지한다. 따라서 처음부터 효율적 행동이 가능하지 않음을 염두에 두고 시행착오를 겪는 효과의 기간을 미리 계산해야 한다. 이렇게 생각해 보면 "어떤 'Before' 과정을 거쳤는가?"라는 질문은 경험 없는 일에서 실패를 방지하는 질문으로도 유용하게 활용할 수 있을 듯하다.

BDA 모델에서 'Do'의 핵심은 타이밍이다. 모든 비즈니스는 외부의 기회와 내부의 준비를 어떻게 연결시킬 것인가의 고민과 노력의 과정이다. 기업 외부에는 기회가 있고 기업 내부에는 준비가 있다. 기업 외부 요소들은 거의 대부분이 통제할 수 없는 영역이다. 따라서 타이밍을 살피고 적합한 때에 행동할수록 얻을 수 있는 성과의 크기가 훨씬 커진다. 파도타기를 하는 서퍼가 파도가 밀려오는 때를 기다리는 것과 유사하다. 기업의 입장에서 외부에 존재하고 통제가 불가능한 기회를 어떻게 기업의 성장 동력으로 활용하는지 설명하기 위해서 나의 작은 경험을 소개한다.

내가 대학을 졸업하고 입사한 첫 직장이 이랜드였다. 보세 옷을 떼어다가 대학가에서 2평짜리 작은 규모로 시작한 회사가 1980년대 초반에 '교복 자율화'라는 기회의 파도를 만나서 급성장하는 현장을 직접 목격했다. 10년 가까운 시간 동안 경영진의 의사결정을 가까운 거리에서 살피고, 경영진의 일부로 참여하면서 매우 특별한 경험들을 했다.

회사가 매년 두세 배씩 성장하며 '이랜드 신드롬'이라는 말이 유행하고 매해 기존 직원의 숫자만큼 신규 직원을 채용하는 현장을 수년간 경험할 수 있었다. 많은 직원이 나름의 사명감을 가지고 열심히 뛰었다. 초보 사장에 가까웠던 사장님은 매일 새벽 기도실에서 하루를 시작했고, 당시 회사 규모로는 진행하기 어려웠던 매우 큰 노력들을 직원 교육에 할애했다. 또한 '소수가 되면 정예가 된다'는 교훈을 체득할 수 있는 여러 형태의 기회를 제공받았다.

바른 방식으로 일하기 위해서, 회사가 얻은 수익을 사회와 공유하기 위해서 조직적으로 노력했다. 개인적으로는 일이 고되고 힘들었던 때가 많았지만 참 재미있었다. 교복 자율화라는 외부의 기회를 이랜드는 매우 잘 활용했고 그 결과 자본이나 배경 없이 한국 기업사에서 성공 신화를 이루어냈다.

'Do'의 핵심, '타이밍'과 '정리·정돈·청결'

기업 운영에서 우연한 성공을 언급하는 경우가 많다. 실제로 사회에서 성공했다고 평가받는 많은 사업가가 "내 성공의 절반 이상은 우연이었다"라는 말을 한다. 나는 그것이 단순히 겸손의 말은 아니라고 생각한다. 우연한 기회를 도약대로 활용했던 사장은 거의 예외 없이 본인이 알게 모르게 'Before' 과정을 쌓았으며, 'Do'의 과정에서 외부 환경의 변화로 주어진 기회의 타이밍을 십분 활용했음을 알 수 있다.

그런데 타이밍 외에 'Do'의 과정에서 중요한 비중을 차지하는 것이 하나 더 있다. 정리·정돈·청결을 반복해 낼 수 있는 조직의 훈련이다.

'정리定離'란 필요 없는 것을 구분해 떠나보낸다는 뜻이다(이별할 것을 정하는 일이라고 이해하면 쉽다). '정돈整頓'이란 정리 후 필요한 것을 제자리(있어야 할 자리)에 두는 것이다. '청결清潔'이란 즉각적으로 사용할 수 있는 상태를 유지하는 것이다.

이 세 단어는 '정리·정돈·청결'로 연결해서 이해하고 사용할 때 강력해진다. 즉, 필요한 것과 필요 없어진 것을 구분해서 필요 없는 것은 떠나보내고, 필요하다고 판단된 것은 적절한 위치를 정한 후에 즉각적으로 사용할 수 있는 상태를 유지하는 것이다. 정리가 없으면 정돈은 의미가 없고, 정돈과 청결이 없으면 기업 운영의 핵심인 효율을 추구하는 행동은 불가능하다. 그래서 정리·정돈·청결이 사장의 습관이자 기업 운영의 습관이 되도록 노력해야 한다.

피터 드러커가 강조했던 '조직적 폐기'를 위한 질문인 "우리가 지금까지 이 일을 해오지 않았다면 오늘 우리는 이 일을 시작할 것인가?" 또한 기업 운영에서 '정리'를 중심으로 정리·정돈·청결의 중요성을 강조한 것이다.

아울러 '정돈'의 중요성을 바로 깨달아야 한다. 정돈되어 있지 않은 개인이나 조직은 효율을 추구하기 어렵기 때문이다. 그래서 '정리정돈'은 효율을 얻기 위한 시작점이다. 외부에서 주어진 기회의 타이밍을 잡아내고, 기회로 주어진 실행의 내용들을 정리·정돈·청결을 통해 효율적으로 반복하는 것이 바로 'Do'의 과정이다.

'After'의 핵심은 현명한 수확이다

BDA 모델에서 마지막 'After'의 핵심은 '현명한 수확'이다. 'After'는 재무제표에 기록될 수 있는 즉각적인 수확이 될 수도 있고 새로운 사업 기회의 포착일 수도 있으며, 이전에는 효과의 단계에 머물렀던 사업을 효율의 단계로 진행시킬 수 있는 관계의 기반을 공고히 하는 것일 수도 있다.

중요한 것은 수확의 단계에서는 부지런해야 함을 꼭 기억하자! 'After'에는 'Before'부터 'Do'까지 과정의 노력과 수고가 고스란히 담겨 있기 때문이다. 갑자기 어느 순간부터 밀려오는 수확들을 잘 다루어서 기업의 성장 동력으로 삼거나 돈의 크기만으로 평가하기 어려운 가치 있는 시도들을 하는 것은 기업을 경영하는 사장이 누리는 큰 즐거움이다.

비즈니스의 시작과 끝에 대한 생각을 공유해 보자. 모든 비즈니스는 기회를 포착하는 것에서 시작되고, 대부분의 비즈니스에서 그 끝은 다음의 시장 기회after market를 찾아내는 것으로 마무리된다. 그 과정에서 사장 자신과 기업의 핵심 역량과 사업 능력을 정리정돈하는 것을 반복한다. 이는 종種의 적자생존이나 자연계의 먹이사슬, 대기의 순환 등과 같은 이치로 기업의 시작과 끝이 긍정적인 의미에서 순환의 고리 속에 존재함을 의미한다.

사장의 내공 쌓기의 방식으로서 BDA 모델을 한 문장으로 정리해 본다면 다음과 같이 말할 수 있다.

"성패의 70~80퍼센트는 'Before'에 달려 있고, 'Do'의 과정을 거쳐 'After' 단계에서 비로소 돈 되는 결과를 얻을 수 있다!"

1. 어떤 'Before'를 거쳤는가?
2. 'Do'의 핵심은 타이밍과 정리·정돈·청결이다.
3. 'After'의 수확 단계에서는 부지런해야 한다.

이 과정을 총괄하는 사장은 사업의 최종 책임자라는 관점에서 '되게 하는 사람'으로 정의할 수 있다. 직원은 안 되는 이유와 부정적인 주변 환경을 핑계로 댈 수 있지만 사장은 그럴 수 없다. 사장이 포기하는 순간 그 사업은 곧 끝난다. 그래서 사장은 될 만한 일을 되게 하는 방식으로 진행할 수 있어야 한다. 인생과 사업을 명확히 구분해서 설명하기는 어렵지만, 어떤 일이 되도록 진행하는 순서가 있다. 나는 그것을 'Before-Do-After'로 구분해서 이해하고 활용한다.

실전 TIP 9.

효과적인 회의의 BDA

기업 운영에서 피할 수 없는 것이 바로 '회의'다. 효과적인 회의 진행을 'Before-Do-After'로 구분해서, 그에 적합한 회의 방식을 생각해 보자.

1. 회의 시작 전 Before

회의 시작 전에 꼭 해야 할 두 가지가 있다. 첫째는 회의 관련 기초 자료를 사전에 참석자에게 제공해 회의 안건과 관련한 내용을 공유한다. 둘째는 회의 참석자가 회의 주제에 대해서 자신의 의견을 사전에 정리하도록 하는 것이다. 회의의 주제와 목표를 이해한 상태에서 각 사람의 의견이 개진될 때 효과적인 회의 진행이 가능하기 때문이다.

그러나 대부분의 회의 현장에서는 사전에 제공된 자료를 충분히 확인하지 않아 이를 다시 숙지하느라 시간을 소모하거나, 안건에 대한 의견을 충분히 정리하지 못한 상태에서 회의에 참석해 산발적이고 부분적인 의견을 개진하는 경우가 많다. 결과적으로 효율적인 진행과 시간 사용은 차치하고, 최소한의 효과도 얻지 못하는 회의를 반복하는 경우가 많다. "성패의 70~80퍼센트가 'Before'에 달려 있다"라는 주장의 가치를 기억할 필요가 있다.

2. 회의 진행 Do

회의 시작 시점에서는 회의의 목적과 부가된 의미를 분명히 할 필요가 있다. 목적과 초점을 분명히 함으로써 회의 참석자들이 개인의 관심사나 이해관계가 아닌 공통의 필요에 대한 의견을 개진하도록 주의를 환기시켜야 한다.

회의가 최초의 회의 목적에 따라 진행될 수 있도록 초점을 잃지 말아야 한다. 특히 아이디어 토론의 장이나 단순 보고의 장이 되지 않도록 각별히 주의해야 한다. 'Before' 단계를 성실하게 준비하지 않은 참석자에게 그런 경향이 나타나는 경우가 많으므로 다수의 참석자가 준비 없이 회의에 참석했다고 판단될 때는 회의 시작 시점에서 'Before' 단계에서 준비했어야 할 두 가지를 다시 살펴볼 시간을 제공하는 것도 지혜로운 행동이다.

회의를 마무리할 때는 처음으로 다시 돌아가서 결론을 최초 의도와 연결시킴으로써 회의 목적에 적합한 회의가 진행되었음을 확인할 필요가 있다.

3. 회의 종료 후 After

회의가 끝난 후에는 두 가지 할 일이 있다. 하나는 회의 목적, 진행 내용, 결의 사항을 한 페이지로 요약해서 참석자에게 발송하는 것이다. 나머지 하나는 회의 목적과 관련해서 적극적으로 참여한 사람에게 감사를 표시하는 것이다. BDA 모델을 따라 적절하게 진행된 회의에 참석한 사람들은 조직 생활의 의미와 가치를 경험한다. 한 개인이 아니라 조직의 일원으로서 시너지 효과를 경험한 사람이 늘어날수록 회의는 지겹고 시간을 축내는 일이 아닌 부가가치를 만드는 과정이 되는 일임을 알게 된다.

회의와 관련해서 몇 가지 유의사항이 더 있다. 사회자는 토론에 참여하지 않아야 한다. 사회자는 아무리 좋은 의견을 가졌다 해도 회의가 목적에 충실하게 진행되는지에 초점을 두어야 한다. 회의 시간을 늘리지 않으려면 시작하는 시간과 끝나는 시간을 명확히 하는 것도 한 방법이다.

또한 꼭 필요한 사람만 회의에 참석시켜 시간과 진행 면에서 효율을 높인다. 만약 사장이 자신의 업무 시간 중 4분의 1 이상을 회의에 쓰고 있다면 회의 과잉으로 평가할 수 있다. 조직에 결함이 있다고도 말할 수 있다. 회의는 가능한 한 원칙이 아닌 예외로 여기는 것이 바람직하다.

16 'truth-fact-perception'으로 세상을 구분하는 시각을 정립하라

——————— 자연계에 존재하는 생명체를 움직이는 핵심 코드는 '생존'과 '번식'이다. 자연계의 존재는 생존하고 번식하기 위해서 활동한다. 그 과정에서 먹이사슬이 만들어진다. 인간도 그 범주에서 벗어나지 못한다. 그러나 인간계를 움직이는 코드에는 생존과 번식 외에 한 가지 더 강력한 코드가 있다. 바로 '지각知覺, perception'이다.

인간은 스스로 지각하지 못하면 그것이 존재하지 않는 것처럼 생각한다. 반대로 실제로는 존재하지 않는 허상이라도 자신이 상상할 수 있으면 마치 존재하는 것처럼 생각하는 경향이 있다. 인간계의 이러한 특성은 비즈니스 영역에도 그대로 나타나는데, 나는 이러한 인간계의 모습을 '진실眞實, truth'과 '사실事實, fact' 그리고 '지각된 진실寫實, perception'이라는 단어를 써서 설명한다.

진실truth과 사실fact, 지각된 진실perception의 구분

인간은 단순한 집단생활을 넘어 사회생활을 통해 스스로를 강화하고 발전시켜 왔다. 그런데 인간의 삶에서 진실이라는 단어는 어떤 일정한 요건이 갖추어진 상태에서만 힘을 발휘한다. 진실은 인간 개인의 양심이나 창조주와의 관계에서 어필되고 인정될 뿐이다. 인간 사회에서 어필되고 받아들여지는 범위는 증거proof를 통해서 확인되는 사실의 범위 내로 국한된다.

인간 사회의 모든 시스템은 사실을 중심으로 설계되어 있고 또 사실을 중심으로 운영된다. 그래서 현대사회를 바로 이해하기 위해서는 인간이 스스로의 발전을 도모하기 위해서 만들고 운영하는 '법law'을 이해하고 활용해야 한다. 인간 존재를 중심으로 생각할 때는 진실이 사실의 상위 개념이지만, 인간 사회를 움직이는 중심에는 진실이 아닌 사실이 있다. 인간 사회에서는 사실로 확인할 수 있는 증거가 진실을 대신한다.

이 부분에서 초보 사장이 유의해야 할 것이 있다. 경험이 없고 의욕이 넘치는 초보 사장은 이 사회가 진실을 중심으로 움직일 것이라고 생각하고 행동하기 때문이다. 그러나 현실은 그렇지 않다. 비즈니스 현장에서는 실제와 자신이 생각했던 것의 차이만큼 대가를 지불하게 된다.

먼저 진실과 사실 그리고 지각된 진실의 관계를 구분해 보자. '진실truth'이란 '진짜 존재하는 어떤 것'이다. '사실fact'이란 '실제로 있었던 일이나 현재에 있는 일'을 말한다. 법정이나 신문 기사에서 사용하는 '사실'은 모두 이 의미다. 마지막으로 '사실寫實'이란 앞서 언급했던 '지각된 진실perception'을 말한다. 보통 '인식'이라는 단어로 표현될 때가 많다. 인간 사회는 사실로 나타나는 지각된 진실에 의해서 움직인다! 이처럼 우리가 진실이라고 표현하는 말과 단어에는 진실, 사실, 지각된 진실이 혼합되어 있다.

진실은 검증할 수 없는 영역이다. 진실이라는 단어가 학교 교육을 통해서 또는 삶을 살면서 수없이 강조되지만, 진실은 본인의 양심과 조물주 외에는 아무도 확인할 수도 검증할 수도 없다.

그래서 인간은 사회를 운용하는 중심에 진실 대신 사실을 두고, 법과 계약을 통해 진실을 관리한다. 인간이 불완전한 존재임을 인정하고 그 불완전성을 보완해 진실에 접근하고자 하는 의도는 박수 쳐줄 만하다. 하지만 진실보다 자신의 생존과 이익을 우선하는 인간 본성에 대한 통찰을 놓치고, 검사·변호사·판사라는 사회적 역할자를 통해서 진실을 관리하고자 하는 인간의 노력은 그 자체로 명확한 한계를 드러낸다. 일반인이 법정에 갔을 때 느끼고 경험하는 괴리감의 이유가 여기에 있다.

한 가지 진실을 두고 검사와 변호사는 서로 다른 관점에서 기술하고 주장하며, 판사는 증거와 논리를 통해서 일관성과 유효성을 확인하고 판단한다. 그리고 또 한 가지 숨은 변수가 있다. 진실보다는 자신의 힘과 권한을 우선하는 권력자의 존재와 자신의 존재를 은폐함으로써 그들이 누려온 권력을 지속하고자 하는 권력자의 암묵적 또는 명시적 이권 카르텔이 그것이다. 이들은 사회 시스템을 진실에 접근시키려는 노력을 훼손하고 조롱한다. 이 숨겨져 있고 쉽게 드러나지 않는 변수는 인류 역사의 전 과정을 통해서 암적인 존재로 기능한다.

이제 사장으로서 주목하고 익숙해져야 할 '지각된 진실'에 대해서 생각해 보자. 진실과 지각된 진실의 근원은 하나이지만 나타나는 모습은 상황과 환경에 따라 매우 다르다. 작가의 손을 떠난 순간 작품은 더 이상 작가의 것이 아니며, 그 작품을 보고 평가하는 독자에 의해 의미가 부여되고 가치가 정해지는 것과 같은 이치다.

진실이 아닌 '지각된 진실perception'에 의해서 가치를 평가받는 모습은 현대사회의 특징 중 하나다. 무엇이든 진위 여부와 관계없이 일단 진실이라고 지각되면, 최소한 지각한 사람에게는 그

것이 진실이 되어버린다. 이것이 현대사회에서 언론이 권력 기관으로 부상한 이유다. 대중에게 진실을 사실寫實로 지각시킬 수 있는 사회적 위치를 차지하고 있기 때문이다. 이제 TV, 신문, 잡지 등 기존의 매스미디어가 아닌 X(구 트위터), 페이스북 같은 소셜미디어와 유튜브와 틱톡 같은 개인 커뮤니케이션 방식이 활성화되는 사회로 전환되고 있다 해도, '지각된 진실'이 작동하는 근본 원리는 달라지지 않는다. 다만 그 지각에 의한 권력의 형태와 방식이 달라질 뿐이다.

사장이 지각된 진실perception을 중요하게 생각해야 하는 이유

직접 경험한 일을 하나 소개한다. 이랜드에서 2년 차가 된 나는 홍보실로 배치되어 일하기 시작했다. 당시 회사 규모는 작았지만 매년 두세 배씩 급성장하면서 정직한 경영을 위해 노력하는 모습이 사회적으로 꽤 주목을 받았다. 사장님을 포함한 직원들이 직접 화장실 청소까지 하고, 점심 도시락을 지참해 다니며 회사 주변을 매일 청소하는 모습들이 생소하게 보였던 것이다. 그러던 중 사건이 하나 터졌다. 이랜드가 통일교 계열의 기업이라는 소문이 돌기 시작했다.

물론 진실과는 거리가 멀었다. 하지만 여러 곳에서 진실을 묻고 따지는 사람이 많았다. 한 매체에서 이랜드를 통일교 관련 기업으로 잘못 명시하기까지 하자 파장은 더욱 커졌다. 회사에서는 급하게 기존의 지면 광고 등에 "이랜드는 통일교와 관련이 없습니다"라는 문구를 삽입했다. 그런데 광고를 접한 사람들은 "이랜드는 통일교와"까지만 읽고 "관련이 없습니다"에는 주목하지 않았다. 그 짧은 문구 속에서도 진실과 관계없이 자신이 관심 있는 부분만 받아들인 것이다. 근 2년간 소문은 사그라들지 않았고 이랜드는 그 기간 동안 다소의 매출 하락과 거래처와의 관계 불안정성을 감수해야 했다.

이랜드에서의 경험은 또 다른 관점에서 지각된 진실의 중요성을 깨닫게 해주었다. 보세 옷으로 시작한 이랜드의 초기 사업전략은 백화점에 진열될 만한 스타일과 품질을 갖춘 상품을 지향하되 재래시장의 가격을 유지하는 것이었다. 이랜드는 전사적인 노력을 통해 '중저가 의류'의 대표 기업으로 사회적 호응을 얻었고, 의류 외에도 시계 등 중저가로 론칭한 신규 브랜드들 또한 소비자의 많은 선택을 받았다. 이에 따라 몇백억 규모였던 회사 매출은 순식간에 6000억을 넘어서 조 단위로 급격하게 성장했다.

그런데 새로운 문제가 생겼다. 상품을 고급화하여 새롭게 브랜드를 론칭하고, 상품의 높은 질에 걸맞은 가격을 책정하고 브랜딩을 하자 소비자들이 저항하기 시작한 것이다. '중저가'라는 고객 기억 속의 이미지(즉 지각된 진실)는 어떤 메시지를 통해서도 바꿀 수 없었다. 결국 회사는 신규 브랜드를 론칭할 때 이랜드 계열임을 감춘 뒤 시장의 필요와 요구에 맞게 개별 브랜드를 어필하는 방식으로 전략을 수정해야 했다.

국내 시장에서의 이러한 경험이 중국 진출 시 처음부터 고급 상표로서 시장에 어필하는 전략을 취하게 했다. 그 결과, 중국 시장에서 이랜드 계열 브랜드는 세계적 브랜드들과 같은 인식과 대우를 받으며 성장할 수 있었다. 비즈니스에서는 진실이 아니라 지각된 진실이 중요하다는 사장의 인식과 태도가 기업 운영의 방식을 완전히 뒤바꿀 수 있음을 잘 알아야 한다.

사장은 주어진 상황과 환경 그리고 자신의 목표와 삶의 지향에 따라서 '진실·사실·지각된 진실'의 어느 곳에 초점을 두고 행동해야 할지 지혜를 발휘해야 한다. 초점을 잘못 맞추면 그에 상응하는 대가를 치러야 한다. 어쩌면 이 부분이 나를 'CEO 가정교사'의 삶으로 이끌었는지 모른다. 사장 한 사람이 바로 서고 바르게 기능함으로써 우리가 사는 세상이 달라질 수 있다는… 아직은 충분히 확인되지 않은 믿음과 기대가 그것이다.

다행인지 불행인지 나는 이랜드라는 회사에서 기업 성장이라는 긍정적 경험을 통해 사장 한 사람이 얼마나 중요한지 크게 깨닫게 되었다. 또한 한 개인의 바람직한 행동이 표준이 되는 조직의 치명적인 한계를 바라보고 경험할 수 있었다. 긍정적 경험과 부정적 경험이 혼재된 상태에서 얻은, 사장의 개인격과 조직격이라는 경영학 교과서에서는 배울 수 없었던 사장의 역할에 대한 깨달음이 그것이다.

조직 규모에 따른 세 가지 리더십

앞서 13장에서 설명했던 개인격과 조직격의 내용을 요약해 보자. '개인격'은 개인의 태생적인 특성과 강점을 바탕으로 만들어지는 매력이다. 게릴라 형태의 조직이나 소규모 조직일 때 힘을 발휘하는 사장의 특성이다. 반면 '조직격'은 조직 시스템을 한 방향으로 정렬해 작동시키는 사장의 학습된 역량이다.

'조직격'이라는 단어는 내가 약 20년 전부터 사용해 온 조어다. 목표를 가진 조직에서 자신에게 요구되는 역할을 알고 그에 따라 행동하는 사장의 경우, 그를 조직격을 갖춘 사장으로 평가할 수 있다. 개인격이 사장 개인의 역량과 특성을 드러내고 실천하는 것이라면 조직격은 사장이 경영자로서 의지를 갖고 지속적으로 노력해야 갖출 수 있는 역량이다.

회사의 규모가 커지면 사장은 자신의 모습 그대로 살기 어려운 '양질 전환 메커니즘'의 적용 대상으로 바뀔 가능성이 매우 크다. 조금 다르게 표현하면 사장이 조직격을 발휘하는 존재로 능동적으로 바뀌지 않으면 사장 개인도 기업도 모두 어려움을 겪게 된다. 그래서 시스템 개념으로 일하기를 원하는 회사의 사장은 반드시 조직격을 갖추기 위해서 훈련하고 노력해야 한다.

기업 규모에 따라서 사장이 수행할 역할과 사장의 리더십이 달라진다. 정확히 표현하면 달라져야 한다! 사업 시작 초기에 사장에게 필요한 것은 '생존의 리더십'이다. 사장이 먼저 효율적 활동을 통해서 성과에 접근하는 '개인 리더십'을 바탕으로, 다른 사람들이 효율적으로 일할 수 있는 환경을 제공하는 '관계 리더십'과 조직의 성과 활동을 극대화시키는 '조직 리더십'이 발휘되어야 한다. 기업의 규모에 따라서 달라지는 사장의 세 가지 리더십에 대해 조금 더 생각해 보자.

소규모 조직에서는 사장의 개인 행동이 조직 전체에 미치는 영향이 크다. 직원은 사장이 입으로 말하는 내용이 아니라 사장이 행동하는 뒷모습을 보고 배운다. 그래서 사장이 먼저 효율적으로 일하는 존재로 서야 하고, 사장 개인이 먼저 성과를 만드는 습관을 갖도록 노력해야 한다. 사장이 스스로 효율적으로 일하지 않으면 조직의 누구도 효율적으로 일하는 방식을 찾으려고 애쓰지 않는다. 그래서 성과를 만드는 조직을 기대하는 사장의 첫 번째 노력은 사장 자신이 먼저 효율적으로 일하는 사람으로 서는 '개인 리더십'을 정립하는 것이다.

사장은 길을 열고 직원은 그 길을 따라서 걷는다. 사장이 스스로 효율적으로 일하는 방식을 습관화한 후에는 직원에게 "나처럼 일하라"고 요구한다. 사장이 일하는 방식이 직원에게도 습관처럼 굳어질 때까지 칭찬과 격려, 질책과 페널티 등 상황에 적합한 방식으로 그들을 이끌어야 한다. "맹장 밑에 약졸 없다!"라는 옛말이 현대의 사업 조직에서도 그대로 통용된다.

사장이 효율적으로 일해야 하듯 직원도 효율적으로 일해야 한다. 그러기 위해서는 직원 각자가 노력해야 하는 부분도 있고, 직원이 그렇게 일할 수 있도록 환경을 만들어야 하는 부분도 있다. 중소 규모의 기업 운영에서 사장은 '관계 리더십'을 발휘해야 한다. 관계 리더십의 핵심은 '직원의 역량을 최대한 끌어내는 것'이다. 규모가 작은 기업에서는 별도로 교육 훈련을 할 여유가 없다. 일하면서 배우고 훈련하는 것이 현실적이다. 그래서 각 직원이 이미 가지고 있는 역량을 최대한 발휘할 수 있는 환경을 통해서 스스로 발전하게 해야 한다. 가장 좋은 방식은 '소수 정예'로 일하도록 하는 것이다.

소수 정예란 '소수가 되면 정예가 된다'는 뜻이다. 평범한 사람도 구체적 목표와 책임을 갖고 능동적으로 일할 수 있는 환경이 제공되면 자기 속에 숨겨진 가능성을 최대한 끌어올린다. 소수의 사람들이 행동해야 하기 때문에 누구에게 의존하거나 다른 사람 핑계를 댈 수가 없다. 단, 그 과정에서 발생하는 시행착오와 그로 인한 폐해가 조직에 타격을 주지 않도록 사장이 관리할 수 있어야 한다. 그들이 활동 중에 장애물을 만났을 때 사장이 함께 뛰면서 장애물을 돌파하는 경험을 공유할 수 있으면 더 강한 소수 정예가 될 수 있다.

사장이 직접 얼굴을 맞대고 일할 수 없는 대규모 조직에서 사장의 개인격은 큰 영향을 끼치지 못한다. 이제 사장에게는 조직 전체를 한 방향으로 정렬시키고, 외부 환경의 변화에 따라서 일의 프로세스와 조직 구조 등 시스템을 재정립하는 역량이 필요하다. 이것이 '조직 리더십', 즉 조직격이다.

사장의 관계 리더십이 작동하는 범위는 비서실이나 임원 회의 정도다. 업무 실행이 이루어지는 현장과는 거리가 생긴다. 그래서 사장이 중요하다고 판단하는 모든 정책을 단순화시키는 과정이 필요하다. 직접 의사소통하지 못하고 단계를 거치다 보면 그 과정에서 메시지가 왜곡될 가능성이 크기 때문이다. 누구나 들으면 쉽게 이해하고 받아들일 수 있는 형태로 메시지를 간결하게 만드는 과정이 꼭 필요하다. 또한 사장이 직접 전체 현장을 보기 어려운 상태이므로 한번 시작된 정책이 그 필요를 다했을 때는 폐기할 수 있도록 '조직적 폐기'의 과정을 업무 프로세스에 짜 넣어야 한다. "우리가 지금까지 이 일을 해오지 않았다면 오늘 우리는 이 일을 시작할 것인가?"라는 드러커의 질문을 정기적으로 하는 것이다. 만약 대답이 "Yes"라면 그 정책을 지속하지만, "No"라면 일정한 절차를 걸쳐 폐기하는 것이 조직의 습관이 되어야 한다.

상황과 필요에 적합한 리더십 장착하기

조직의 규모에 따라서 사장의 리더십이 변화해야 함을 깨닫게 된 것은 급성장하는 기업에서 일하면서 느꼈던 나의 긍정적, 부정적 경험의 영향이 컸을 것이다. 또한 나의 사회적 경험과 지식이 점차 늘면서 인간 조직의 규모가 커짐에 따라서 맞닥뜨리는 인간 능력의 한계와 양질 전환 메커니즘의 통찰을 통해서 '진실·사실·지각된 진실'의 초점에 대한 이해와 사장의 리더십 변화의 필요성이 매우 크다는 것을 깨닫게 되었기 때문이다.

기업 경영에서 작은 규모의 조직과 대규모 조직의 사장의 역할이 달라져야 하는 핵심 이유는 인간의 행동에 영향을 미치는 코드인 '지각'과 관계가 있다. 사장의 리더십은 자신이 직접 눈으로 확인할 수 있을 때와 그렇게 할 수 없는 상황에서 사업을 진행할 때 다르게 적용되어야 한다. 작은 규모의 조직에서 사장의 개인격이 영향을 미치는 것은 조직의 사람들이 직접 자신의 눈으로 사장의 활동을 볼 수 있기 때문이다. 그러나 대규모 조직에서는 사장의 조직격이 중요해진다. 조직의 사람들이 시스템을 통해서 사장을 평가하게 되기 때문이다.

직원의 행동이 사장에게 직접 지시받고 사장의 활동을 자신의 눈으로 확인할 수 있을 때와 중간 경영자와 관리자를 통해서 의사소통하고 실적을 평가받을 때 달라지는 것은 자연스러운 일이다. 따라서 사장에게 요구되는 리더십 또한 기업의 규모에 따라서 달라져야 하고, 기업의 성장과 비례하는 사장의 학습과 성장 과정이 필수적이다.

실전 TIP 10.

격물치지格物致知

격물치지格物致知, 성의정심誠意正心, 수신제가치국평천하修身齊家治國平天下. 유교의 기본 경전인 사서(『논어』『맹자』『대학』『중용』)와 삼경(『시경』『서경』『주역』) 중 하나인 『대학大學: 大人之學』의 핵심 내용(세 가지 강령과 여덟 가지 실천 항목)에서 수신제가치국평천하가 빙산의 윗부분이라면, 격물치지, 성의정심은 빙산의 아랫부분으로서 드러나지 않은 'BDA 모델'의 'Before'로 비유할 수 있다. 그중에서도 격물치지는 내가 사장에게 필요한 공부의 근간으로 삼는 부분이다.

"물物을 격格함으로써 깨달음知에 도달致한다." 일이나 사건 등 주변에서 벌어지는 상황을 적극적으로 이해하기 위해서 노력하다 보면 그것이 일정한 패턴을 가지고 반복되고 있음을 깨닫게 된다. 여기에서 격格한다는 것은 한지를 만들 때 물 위에 떠 있는 불린 조각들을 일정한 형태의 뜰채로 떠올리는 것과 같다. 이때 조각들物이 모여서 뜰채 형태格의 한지가 만들어진다. 주변에서 벌어지는 일과 사건들을 이해할 수 있는 생각의 틀이 형성되는 것이다. 『과학혁명의 구조』라는 책에서 토머스 쿤Thomas Kuhn이 언급한 '패러다임paradigm'이 바로 그것이다.

사장이 일차적으로 쌓아야 할 지식은 비즈니스 현장에서 벌어지는 수많은 현상을 이해할 수 있는 비즈니스에 대한 객관적 관점이다. 나는 그것을 '비즈니스 패러다임business paradigm'이라고 설명한다. 비즈니스에 대한 객관적 관점 정립은 필연적으로 비즈니스에 대한 효과적 접근 방식을 깨닫는 것으로 귀결된다. 사장으로서 비즈니스에 대한 통찰력을 갖게 되는 것이다. 비즈니스 패러다임을 통해서 형성된 사장의 통찰력은 경험 없는 사업에서 생기는 시행착오를 줄이고 실패를 피하면서 성공 확률을 높이는 데 큰 도움이 된다. 몇 가지 핵심 내용을 요약해 보자.

1. 비즈니스는 거래를 만드는 게임이다

비즈니스에서 핵심적인 단어 하나를 꼽으라면 단연 '거래'다. 주어진 상황에서 거래를 시작하고 시작된 거래를 반복할 수 있으면 된다. 문제는 그 거래가 쉽지 않다는 것이다. 스스로 좋은 상품을 가지고 있으면 거래가 시작될 거라고 생각하지만 실제는 그렇지 않다. 반면에 자신보다 부족한 상품을 가지고도 거래를 반복하는 사람들이 있다. 참 희한한 일이다. 좋은 상품이 거래를 만든다는 자연인의 생각이 비즈니스에서는 객관적 관점이 아니기 때문에 그렇다.

2. 명확한 만족 하나가 거래를 만든다

수많은 불만족 요소가 있어도 명확한 한 가지 만족 요소가 있다면 거래는 성사된다. 고객이 요구하는 모든 요구들을 만족시킬 것이 아니라, 돈이 지불되는 상황을 만들어내는 명확한 만족 요소 하나만 충족시키면 된다. 그 거래 요소는 고객의 만족 블랙박스에 들어 있다. 따라서 목표 고객의 만족 블랙박스 변수를 찾아내는 것이 거래의 핵심이다.

상품은 그 욕구 변수를 해결하는 하나의 대안일 뿐이다.

상품이 먼저가 아님을 꼭 기억하자. 고객 만족 블랙박스에 있는 욕구 변수를 찾아내고 그 변수들 중 어떤 것을 만족시켜 거래를 발생시킬지 고민하는 것이 거래의 시작점이 된다.

3. '기브 앤드 테이크Give & Take'의 균형이 필요하다

한번 시작된 거래를 지속하려면 상대와 내가 주고받는 것의 균형이 유지되어야 한다. 만약 지속되어 온 거래가 중단된다면 주고받음의 균형이 깨진 것이다. 여기서 중요한 관점은 내가 주는 것의 내용이나 양질이 아니라 그것에 대한 상대방의 지각이다.

'내가 어떤 것을 얼마나 많이 주었느냐의 관점Give'이 아닌 '상대가 무엇을 얼마나 많이 받았느냐의 관점Take'으로 해석하고 이해해야 한다. 내가 적게 주고도 상대방이 많이 받았다는 지각을 갖게 하는 기술이 있다면 적은 비용으로 거래를 지속할 수 있다.

4. 진실이 아니라 사실이 고객을 움직인다

사실寫實이란 '지각된 진실'을 말한다. 사람들은 진실이 아니라 지각된 진실에 영향을 받고 행동한다. 그래서 비즈니스에서는 진실을 준비하는 것으로는 부족하다. 그 진실을 반드시 목표고객에게 '사실화寫實化'시켜야 한다. 진실이 적절하게 사실화되지 못하면 고객은 쉽게 움직이지 않으며, 그 진실은 고객의 편의대로 해석되어 버린다.

5. 만족을 'Give' 하되… 사실화寫實化하라!

거래에 효과적으로 접근하는 3단계 방식을 알고 실행하자! 1단계, 목표 고객의 만족 블랙박스 변수를 파악하고 그 변수 중 어떤 것에 집중할지 결정한다. 2단계, 자신의 상품을 그 욕구 변수를 강하게 건드릴 수 있는 형태로 고객에게 어필할 방식, 즉 사실화할 방도를 고안한다. 3단계, 고객이 자신이 지불하는 것보다 더 많은 것을 받고 있다는 인식을 지속시켜 시작된 거래를 유지한다.

이처럼 고객의 욕구 변수를 건드리는 대안으로서 자신의 상품을 상대가 쉽게 이해하고 받아들일 수 있는 방식으로 제안하는 것이 거래를 시작하고 유지하는 효과적 접근 방식이 된다.

17 필요와 진짜 필요의 구분 그리고 자신의 기존 지식과의 연결

1980년에 개봉한 코미디 영화 〈부시맨〉에 등장하는 장면이다. 칼리하리 사막에서 살아가던 부시맨 마을에 하늘에서 콜라병 하나(경비행기 조종사가 먹고 버린 빈 병)가 떨어진다. 단단한 도구라고는 돌, 나무, 동물의 뼈밖에 경험하지 못한 부시맨 마을에서 이 콜라병은 매우 유용한 도구(밀대, 방망이, 가죽 무두질, 악기 등)로 쓰이고, 부족 내에서는 콜라병을 서로 차지하려는 싸움까지 벌어진다.

주인공 니카우는 이렇게 중요한 물건이라면 틀림없이 신이 실수로 땅에 떨어뜨린 것이라 생각하고, 그 콜라병을 신에게 돌려

주기 위해서 땅끝이라고 생각한 곳(사실은 빅토리아 폭포)에 이르러 하늘의 신에게 콜라병을 돌려준다.

이 영화를 다른 관점으로 설명하면, 문명사회에서 쓰레기로 취급받는 빈 콜라병을 신의 물건이라고 생각한 부시맨이 목숨을 걸고 벌이는 일종의 어드벤처 영화다. 40여 년 전 내 기억으로는 자신의 경험과 인식의 범위에서 진지하게 최선을 다하는 순진무구한 니카우의 모습을 그냥 웃고 넘길 수만은 없는, 뭔가 가슴에 먹먹함이 남는 영화였다.

본질적 효용과 기능적 효용의 구분

우리 삶에서 모든 역할과 도구 그리고 방법에는 '본질적 효용'과 '기능적 효용'이 있다. 콜라병은 콜라를 담는 것이 주된 목적이지만 부시맨 사회에서는 곡식을 빻는 최고의 도구다. 세 살 아이에게 아빠의 휴대폰은 〈뽀로로〉를 볼 수 있는 최고의 장난감이다. 어떤 사람에게 결혼은 부모의 잔소리에서 벗어날 수 있는 최고의 도피처가 된다.

우리의 생각과 행동의 상당히 많은 부분이 본질적 효용보다는 기능적 효용에 머무는 경우가 많다. 사장으로서 사업을 하는 경우도 그렇다. 돈을 벌기 위해서만 하는 사업은 충분하지 않다. 사장의 삶을 시작하고 지속하기 위해서는 돈 말고 좀 더 본질적인 이유가 있어야 한다.

그 사람이 어떤 필요를 갖고 있느냐와 그 필요를 해결할 수 있는 구체적 접근 방법을 무엇이라고 생각하느냐에 따라서 상황에 대한 이해와 문제 해결을 위한 접근 방식이 달라진다. 부시맨에게 빈 콜라병은 자신의 세상에서 활용할 수 있는 최고의 도구임이 분명하다. 부시맨의 경험 체계에서 그렇다는 뜻이다. 세 살 아이에게 아빠의 휴대폰은 〈뽀로로〉를 볼 수 있는 최고의 장난감이다. 그 아이의 경험 체계에서 그렇다는 뜻이다.

사장이 되고, 사장으로 활동하는 일이 매력적으로 보일 수 있다. 사장이라는 타이틀과 겉으로 드러나는 모습이 그렇다는 뜻이다. 사장의 위치는 고유의 사고 체계와 전문성이 필요한 자리다. 그럼에도 불구하고 많은 사람이 준비 없이 사장으로 서는 것이 우리의 현실이다. 마치 젊은 남녀가 서로 사랑하고 경제적 여건이 허락되었다는 이유로 결혼을 서두르는 것과 유사하다. 사장으로서 삶의 본질, 결혼 생활의 본질보다는 그들의 기능적 효용에 초점을 두었기에 보이는 행동들이다.

삶에서 무엇을 하든지 본질적 효용과 기능적 효용을 구분해서 생각하고 정돈하는 습관을 갖고 있다면 좋은 태도를 갖춘 것이다. 본질에 집중하려는 자세는 삶과 관계에서 건강함을 유지하며 오랜 시간 그 일을 지속할 가능성을 키워준다.

그러나 인간 개인과 인간 사회의 모습은 질서에서 무질서로 진행되는 엔트로피 법칙의 지배하에 있다. 또한 인간의 욕심이라는 본질적이고 구조적인 방해물이 있어서, 대개 처음에는 본질적 효용에 집중하나 시간이 지나면서 점차 기능적 효용에 빠져버리곤 한다.

심지어 처음부터 기능적 효용에 치우쳐서 아예 본질에는 접근도 못 하는 경우도 많다. 기능적 효용은 상품의 포장지와 같아서 쉽게 파악되는 반면 본질적 효용은 쉽게 파악되지 않을 때가 많다. 그래서 사장은 자신의 삶과 자기 기업의 활동에서 본질적 효용을 기억시키고 유지하기 위한 뚜렷한 의지와 방법을 갖추고자 고민하고 노력해야 한다.

경영의 구체적 방법을 고민했던 기업인 '3M'의 '15-25 원칙'이 좋은 예가 된다. 3M의 직원은 근무 시간의 15퍼센트를 자기계발 시간으로 사용해야 하며, 매출의 25퍼센트 이상이 최근 5년 내 발명한 제품으로 발생해야 한다는 원칙을 가지고 있다. 신제품 개발의 필요성과 중요성을 단순히 생각에서 그치지 않고 구체적 방식으로 정립해 본질적 효용에 집중한 것이다.

반복해서 언급한 피터 드러커의 조직적 폐기를 위한 질문 "우리가 지금까지 이 일을 해오지 않았다면 오늘 우리는 이 일을 시작할 것인가?"도 같은 맥락에 있다. 본질적 효용에 영향을 미치지 않는 정도에서 기능적 효용을 얻는 것은 괜찮으나, 기능적 효용이 본질적 효용을 넘어선다면 조직의 재설계가 필요한 시점이 된 것이다. 대부분의 기업 활동에서 본질적 효용을 결정하는 것은 공급자가 아니라 고객이다.

기업의 관점에서 고객이 공급자의 최초 의도대로 자사의 상품을 수용해 주는지 확인해야 한다. 만약 기업의 의도와는 달리 고객이 해당 상품을 다른 의도나 방식으로 수용하는 모습을 보이면 해당 상품의 본질적 효용을 재정의하는 과정이 필요하다. 간혹 그 과정에서 우연한 성공을 이루는 경우도 있다. 실제로 운영 과정에서 발견되는 우연한 성공과 의도하지 않은 실패는 모두 기업 경영의 자양분으로 활용되는 경우가 많다.

필요와 진짜 필요를 구분하는 연습

사장으로서 내공을 쌓아갈 수 있는 두 가지 습관을 소개한다. 하나는 '필요와 진짜 필요를 구분하는 습관'이고, 다른 하나는 관점과 실행에서 '변수를 줄이는 습관'이다.

모든 일은 자신의 '필요'를 파악하는 것에서 시작한다. 이 말은 누구나 동의할 것이다. 그래서 어떤 일을 시작할 때는 자신의 필요를 분명히 하고 그 필요를 어떤 방식으로 풀어갈 것인지 생각한다. 내가 39세에 경영 컨설팅 활동을 시작했을 때도 그랬다.

그런데 첫 2년간은 성과 없이 참 많이 헤맸다. 문제를 정의하고 그에 대한 해결책을 제안했지만 결과적으로 성과가 나타나지 않았다. 솔루션이 부족한 것은 아니었다. 그러나 컨설팅을 한 기업과 그 사장이 필요하다고 말한 것에 대한 해결 방안을 제시하고 그 실행 과정을 확인하는 노력이 흐지부지 끝나는 상황이 반복되었다. 그러다가 퍼뜩 스쳐 가는 생각이 있었다. '저 사장이 말하는 필요가 진짜 필요일까?'

나는 그때까지 사장이 최고책임자로서 그 기업의 필요를 충분히 알고 있을 것이라는 전제하에 사장이 말하는 필요에 적합한 해결책을 제시하는 데 초점을 두었다. 그러다가 사장이 말하는 필요가 '진짜 필요'가 맞는지 생각하게 되었고, 이후로는 사장이 말하는 필요를 나의 관점으로 확인하는 프로세스를 삽입하게 되었다. 그 구체적인 방식은 이렇다. 처음 사장을 만나면 그 사장이 말하는 필요에 대해서 가능한 한 세세하게 듣는다. 그 후에는 다시 내 관점(객관적 관점)으로 그 기업과 사장에게 필요하다고 생각하는 것들을 정리한다. 그리고 두 가지 형태의 프레젠테이션 안을 준비한다.

하나는 사장이 말했던 필요들을 정돈해서 그 문제를 해결할 수 있는 방안을 설명하는 것이다. 다른 하나는 나의 관점으로 그 기업에 필요하다고 생각한 내용들을 정리해서 설명하는 것이다. 그러면 대부분의 사장들이 비슷한 반응을 보인다. "아니, 어떻게 우리 회사를 나보다 더 잘 아시나요?"

필요와 진짜 필요는 비슷한 말 같지만 내 경험에 따르면 매우 다른 말이다. 필요를 실행의 관점으로 표현하면 '초점을 공유하는 것'이다. 개인이 되었든 조직이 되었든 초점을 공유하지 못하면 이후의 노력은 산만해지고, 결국은 의도한 결과를 얻지 못할 가능성이 크다. 내가 컨설팅 비즈니스 초기에 크게 헤맸던 가장 큰 이유는 사장의 말을 중심으로 '필요'를 파악하는 과정에 오류가 있었기 때문이다.

컨설팅 의뢰를 하는 고객이 원하는 것은 좋은 결과를 얻는 것이다. 그 사장의 말(필요)을 경청하는 것은 좋은 결과를 얻기 위한 과정일 뿐이다. 그럼에도 불구하고 상대가 어느 정도 규모 있는 기업을 운영하고 있는 사장, 즉 클라이언트라는 이유로 그의 말을 진짜 필요의 기준으로 삼았던 나의 판단은 잘못된 것이었다. 그의 말을 포함해서 내 관점으로 그 기업의 필요를 객관적으로 파악하는 과정이 추가로 더해져야 함을 뒤늦게 깨달았다.

그 조직만의 특별함이란 매우 예외적인 것으로, 기업 조직의 공통성 위에 해당 기업의 특징적인 모습이 더해진 것일 뿐이다. 어떤 사람의 개성을 파악할 때 평균적인 인간의 모습에 더해진 그 사람의 독특함 3~5퍼센트를 개성personality이라고 표현하는 것과 유사하다. 사람의 개성이 아무리 천차만별의 형태로 나타난다고 해도 체온, 혈압, 심박수, 혈당 수치 등의 지표와 항상성 homeostasis을 유지할 필요성은 동일한 것과 같은 이치다. 이 깨달음 이후, '필요 듣기 → 진짜 필요 파악 → 공감하는 필요 정립→ 컨설팅 기간 중 목표 및 전략 수립'의 프로세스로 진행되는 컨설팅에서는 단 한 번의 실패도 나타나지 않았다.

자신의 '진짜 필요'를 아는 것이 문제 해결의 시작점임은 앞서 언급했던 본질적 효용과 기능적 효용을 구분하는 것과 궤를 같이한다. 또한 16장에서 설명한 '진실·사실·지각된 진실'의 구분과도 같은 맥락에 있다. 좀 더 뭉뚱그린 단어로 표현하면 '본질과 현상'으로 표현할 수 있다. 겉으로 드러난 필요 속에 숨겨진 '진짜 필요'를 찾으려는 사장의 태도는 사업 내공을 쌓아가는 좋은 습관이 될 수 있다.

자신의 일에서 변수를 줄이는 방식을 습관화하라

이제 사장의 '변수를 줄이는 습관'에 대해서 생각해 보자.

30대 초반에 회사 내 여행사업부를 통해서 보름간 해외여행 인솔자로 일한 적이 있다. 35명의 고객과 함께 파리, 로마, 이집트, 요르단, 이스라엘을 다니는 행로였다. 참여한 고객들의 나이는 20대부터 70대까지 다양했는데, 60대 이상이 대부분이어서 사람이 많은 혼잡한 곳에서 길을 잃지 않도록 조심해야 했다.

나는 여행 코스에서 가장 혼잡한 장소였던 바티칸시티에 도착했을 때, 버스에서 내리기 전에 고객들에게 한 가지 당부를 했다. "단체로 움직이는 중에 만약 길을 잃게 되시면, 당황해하지 마시고 바로 그 자리에 앉아 계세요. 그러면 제가 가능한 한 빨리 찾으러 갈게요!" 아니나 다를까 70대 고객 세 명이 대오에서 사라졌다. 나는 땀을 뻘뻘 흘리며 1시간 30분 동안 그들을 찾아 헤맸다.

"과장님, 우리 여기 있어요!" 해가 어둑해질 무렵에 성베드로 광장 구석에서 나를 향해 해맑게 웃으며 손짓하는 세 고객을 만날 수 있었다. 길을 잃은 상태에서 서로를 찾는다고 돌아다니면 상황을 더욱 어렵게 만들 수 있다. 일행을 찾는 것은 차치하고 당황한 상태에서 헤매다가 낙상 사고라도 생기면 문제는 걷잡을 수 없이 커진다. 다행히 고객들이 사전에 부탁한 대로 행동해 주었기에 큰 사고 없이 문제를 처리할 수 있었다.

어떤 일을 되게 하려면 그 일과 관련된 '변수'를 줄이는 것이 효과적이다. 변수가 늘어나면 처음 생각보다 진행이 더디거나 예상하지 못한 어려움을 겪게 된다. 단체로 산행을 하면 시간이 지날수록 선두와 후미 사이가 벌어지는 현상과 같다. 의지를 가지고 간격을 유지하려는 노력과 통제가 필요하다는 뜻이다. 그 핵심이 변수를 줄이는 것이다.

또한 사업 과정에서 의도하지 않은 부정적 상황이 벌어지면 꼭 떠올려야 할 말이 있다. "2차 사고를 조심하라!"라는 문장이다. 초보 운전자일 때 고속도로에서 사고가 나면 2차 사고가 발생하지 않도록 유의하라는 교육을 받은 기억이 있다. 1차 사고가 나면 대부분의 운전자는 정상적인 상태를 벗어난 상황을 쉽게 받아들이지 못하고 2차 사고에 무방비로 노출된다. 그런데 고속도로에서의 2차 사고는 1차 사고에 비해서 사망하거나 중상을 입을 가능성이 훨씬 크다. 대부분의 비즈니스에서도 이와 유사한 상황이 벌어진다.

만약 자신의 사업이 본래 의도와 다른 방향으로 진행되고 있음을 인지했다면 우선은 더 나빠지지 않도록 조치하고, 이미 벌어진 상황을 활용해서 할 수 있는 행동을 하거나 늘어난 변수의 숫자를 줄이는 방식에 익숙해질 필요가 있다. 길이 잘 정비된 도심에서 소요 시간을 결정하는 것은 대부분 거리가 아니라 신호등의 개수다. 부정적인 변수가 더 늘어나지 않도록 유의하라는 뜻이다. 그렇지 않으면 내가 성베드로 광장에서 했던 것과 같이 사전 약속을 통해 늘어난 변수를 줄여서 처음 의도대로 진행할 방법을 미리 마련해 두어야 한다.

우리가 사는 세상에서 벌어지는 일 대부분은 변수가 늘어나는 방향으로 진행되는 경향이 있다. 따라서 무슨 일을 하든 변수를 줄이려는 관점을 가지고 의지를 담은 노력을 하면 자연스레 사장의 내공으로 쌓이게 된다. 사장에게 꼭 필요한 습관으로서 강조했던 정리·정돈·청결 역시 불필요한 변수가 늘어나지 않게 하는 방식 중 하나로 기능함을 기억하자.

사장이 자신의 비즈니스와 관련해서 영향을 주는 변수가 무엇이며 몇 개인지 알고 있다면 그 사장은 자신의 사업에서 어느 정도의 전문성을 확보한 것이다. 또한 관련된 변수를 줄이면서 사업을 진행할 수 있으면 이미 '프로페셔널'에 가까워졌음을 의미한다. 만약 자신의 비즈니스에서 고객이라는 변수를 제외한 나머지 모든 변수를 '0'으로 만드는 방식까지 알고 있다면, 삶의 근원적인 문제인 지나친 욕심만 주의한다면 그 사장에게 사업에서의 실패는 거의 존재하지 않을 것이다.

사업이든 삶의 문제든 자신이 어떤 상황에 처했을 때, 그 상황에 영향을 주는 변수가 몇 개인지 파악하는 연습을 해보자. 그리고 관련 변수를 줄이려는 관점과 노력을 습관화하도록 애써보자. 일정 시간이 지나면 자신도 모르는 사이에 사업 내공이 증진되어 있음을 알게 될 것이다.

실전 TIP 11.

사장의 의사결정 프로세스

'Before-Do-After'를 구분하고 그에 적합한 행동을 하는 것만으로도 사장은 지혜로운 조직의 리더로서 기능할 수 있다. 거기에 '진실·사실·지각된 진실'이 적용되는 영역을 구분하고 그에 맞는 접근 방식을 조직이 공유할 수 있으면 기업 외부와의 관계에서도 상황을 유리하게 이끌 실제적인 성과를 이룰 수 있다.

또한 필요와 진짜 필요를 구분하고 그에 따른 행동 프로세스를 사장의 습관 또는 기업 행동의 습관으로 정립할 수 있으면 그 기업은 매우 강력한 내공을 갖게 된다. 사장에게 지혜가 필요한 가장 큰 이유는 조직에서 의사결정을 하는 사람이기 때문이다. 보통 의사결정을 특정 시점의 행위로 생각하지만, 사장의 의사결정을 6단계의 프로세스로 이해하면 그 역할의 효능을 극대화할 수 있다.

의사결정 프로세스 6단계

의사결정의 첫 번째 단계는 주어진 문제가 특수한 것인지 아니면 일반적인 것인지 구분하는 것이다. 특수한 문제는 예외적으로 처리해야 하지만 일반적인 문제는 룰이나 원칙을 수립함으로써 해결하는 방식에 익숙해질 필요가 있다. 경영자에게 가장 제한된 자원인 시간을 효율적으로 사용하기 위해서다.

실제로 경영자가 맞닥뜨리는 대부분의 문제는 일반적인 것이며, 문제가 특수한 것으로 구분되는 경우에도 정말로 예외적인 특수한 문제, 그 조직에서는 특수하지만 실제로는 일반적인 문제 그리고 새로운 종류의 일반적 문제가 최초로 발견된 경우로 구분할 수 있다.

반복되기 어려운 특수한 문제는 필요와 상황에 맞게 예외적으로 처리하면 된다. 그러나 기업의 인수합병이나 상장 등 자신에게는 특수한 문제지만 그런 활동을 반복하는 사람에게는 일반적인 문제의 경우에는 지식과 경험을 가진 외부 전문가의 도움을 받아서 해결하는 것이 바람직하다. 또한 새로운 종류의 일반적 문제가 최초로 발견된 경우에는 해당 문제를 해결하는 노력과 동시에, 그 문제가 반복될 때 적용할 수 있는 새로운 원칙을 수립하는 것이 필요하다.

의사결정의 두 번째 단계는 문제를 정의하는 것이다. 해결해야 할 문제가 무엇인지 분명히 함으로써 자신은 물론 조직의 이해관계자들이 명확히 이해할 수 있는 단어와 문장으로 표현한다.

세 번째 단계는 의사결정이 만족시켜야 할 요건들을 정립하는 것이다. 해당 의사결정을 통해서 해결할 수 있는 명세서를 규정함으로써 적합한 의사결정의 기준을 확보할 수 있다. 이것을 '경계 조건boundary conditions'으로 해서 네 번째 단계인 옳은 해답을 찾는 의사결정이 가능하다.

다섯 번째 단계는 실시를 위한 행동을 명시하는 것이다. 의사결정의 시점에서 즉각적으로 행동할 것을 정함으로써 의사결정과 실행이 따로 놀지 않도록 의사결정의 단계에 포함시켜서 올바른 의사결정에 따른 적극적 행동을 강제할 수 있다. 마지막으로 여섯 번째 단계인 피드백을 통해서 의사결정의 적절함과 성과를 검토할 수 있다.

사장이 의사결정을 프로세스로 이해하고 행동하면 매우 효과적인 결과를 얻을 수 있다는 사실을 꼭 기억하자! 특히 첫 번째 단계(문제의 구분)와 세 번째 단계(경계 조건 정립)의 효용성과 중요성을 기억하고 활용할 수 있기를 바란다. 또한 다섯 번째 단계(실시를 위한 행동)의 의미를 생각하고, 그 일을 맡아서 추진할 사람이 없는 상태에서의 의사결정은 피하는 것이 좋다.

18 레빗과 드러커의 질문에 대답하기

——————— 시장은 변화한다. 사업이 궤도에 오른 상태라 하더라도 시장의 변화를 능동적으로 수용하지 못하는 기업은 어려움에 처하게 된다. 자연계의 강자들이 몰락한 이유는 기후 변화 등 환경의 변화 때문이었다. 시장 환경의 변화를 수용하지 못하면 시장에서 지위를 빼앗기는 것은 물론 생존의 문제까지 고민하는 상황에 처하게 된다. 따라서 사장은 조직의 리더로서 시장의 변화를 기업이 적극적으로 수용하도록 이끌어야 한다.

문제는 조직원이 변화를 싫어한다는 것이다. 안정적인 오늘의 삶을 버리고 확실하지 않은 미래를 위해 새로운 노력과 에너지를 투입하는 것을 불만스러워한다. 조직원은 관성적으로 어제의 행동을 오늘 반복하는 것을 자연스럽게 여기고, 오늘 행동을 내일도 반복할 수 있는 상황을 선善으로 받아들이는 경향이 강하다. 스스로 생존의 문제가 달려 있다고 느낄 때까지 조직원은 변화를 수용하지 않는다. 그러나 분명한 것은 오늘 성공한 모습을 가진 기업이 내일도 성공한 모습을 지속하려면 시장의 변화를 능동적이고 적극적으로 수용해야 한다는 점이다.

자기 사업의 본질이 무엇인지 고객 관점에서 생각하기

사장이 관계 리더십을 발휘하는 기업 규모에서도 변화를 수용하기는 쉽지 않다. 그런데 기업의 규모가 조직 리더십을 발휘해야 할 정도라면 사장 개인의 노력만으로는 조직의 변화를 꾀하기가 불가능에 가깝다. 한번 만들어진 관성을 깨는 것은 쉽지 않다. 그래서 사장은 변화를 수용하고 그 상황을 기회로 활용하는 DNA를 조직문화에 심어야 한다. 그렇지 않으면 조직이 변화를 꾀할 때마다 수많은 사람이 고통을 겪게 되고 그 과정에서 기업의 역량이 훼손될 가능성이 크다.

변화를 수용한다는 것이 기업의 모든 부분을 송두리째 바꾼다는 뜻은 아니다. 사업의 중심을 유지하되, 시장 환경의 변화에 맞추어 자기 사업을 새롭게 해석해서 과감히 버릴 부분과 더할 부분, 변화를 줄 부분들을 찾아서 도려내고 더하고 수정해 가는 것이다. 테오도르 레빗Theodore Levitt의 1960년대 논문 〈마케팅 근시marketing myopia〉는 변화를 능동적으로 수용하는 접근 방식의 필요성을 공감하는 사장에게 좋은 영감을 제공한다.

레빗은 기업의 리더에게 '내 사업의 핵심은 무엇인가?'를 생각하라고 말한다. 기술이 아닌 사업의 본질에 대해서 고민할 것을 강조한다. 미국의 철도회사들이 자신의 사업을 '철도 사업'이라고 규정하는 순간, 기존의 고객이 비행기나 자동차를 이용해서 이동하는 환경의 변화를 사업에 담아내지 못하게 되었다. 그저 최고의 철도회사가 되기 위한 근시안적인 경쟁에 매몰된 것이다. 레빗은 미국 철도회사들이 자신의 사업을 '운송업'이라고 규정했어야 한다고 지적한다.

코닥KODAK은 아날로그에서 디지털로 변화하는 시대의 흐름을 고려하지 못한 채 스스로를 '필름 사업'이라고 규정했기에 몰락할 수밖에 없었고, 할리우드는 사업을 '연예 오락 사업'이 아닌 '영화 제작 사업'이라고 규정했기에 TV에 시장 우위를 빼앗기고 생존의 위협까지 느끼는 상황을 경험해야 했다.

시장의 변화를 수용하기 위한 첫 단계는 고객 관점에서 자기 사업의 본질을 파악하는 것이다. 레빗은 이 단계에서 자신의 사업을 근시안적으로 규정하는 잘못을 범하지 않도록 주의해야 한다고 지적한다. '마케팅 근시'에 빠지면 고객 욕구에 대한 통찰력이 떨어지고, 경쟁자에 대해 잘못된 이해와 오해를 하게 되고, 결국 기업 내 자원 사용 우선순위에 문제가 생긴다. 기업은 열매를 딸 수 없는 곳에 잘못된 방식으로 씨를 뿌리고, 그 결과 오늘의 성공이 내일로 이어지지 못한 채 점차 소멸한다.

피터 드러커의 다섯 가지 질문

삼성의 창업자인 고 이병철 회장의 가장 큰 관심은 '어떻게 하면 영속하는 기업을 만들 수 있는가?'였다고 한다. 삼성은 그 해결책으로 '조직'을 택했다. 그래서 오늘날 같은 조직의 삼성이 존재하는 것이다. 현대의 창업자인 고 정주영 회장도 같은 고민을 하지 않았을까?

실제로 규모에 관계없이 성공을 일구어낸 사장들은 공통적으로 '오늘의 성공을 어떻게 하면 내일도 반복할 수 있을까?' 또는 '어떻게 하면 영속하는 기업을 꾸려갈 수 있을까?'를 고민한다. 그 질문에 대한 답은 기업마다 다르다. 물론 기업 리더의 철학, 통찰력 등이 가장 큰 영향을 끼칠 것이다. 오늘 성공의 열매를 따고 있는 사장은 그 고민에 대한 답을 찾는 과정에서, 피터 드러커의 다섯 가지 질문을 통해 또 다른 영감을 얻을 수 있다.

1. 내 사업은 무엇인가? What is our business?

2. 누가 내 고객인가? Who is the customer?

3. 그들에게 내 가치는 무엇인가? What is value to the customer?

4. 내 사업은 어떻게 될 것인가? What will our business be?

5. 내 사업은 어떻게 되어야 하는가? What should our business be?

드러커의 다섯 가지 질문 중 앞의 세 질문은 레빗의 질문을 풀어놓은 느낌이다. 드러커는 거기에 더해서 자기 사업의 미래와 자신의 기업이 미래에 도달했으면 하는 위치에 대해서도 고민하라고 요구한다. 대답하기에 쉽지 않은 질문들이다.

그러나 오늘의 성공을 내일도 반복하길 원하는 사장이라면 대답을 피해 갈 수 없다. 사업의 핵심과 고객 관점에서의 가치, 시장 흐름의 변화 속에서 기업을 자리매김하고 평가하면서 시장 변화에 대한 조직의 공감대를 끌어내고 구체적인 실행 단계로 이끌어야 할 책임이 사장에게 있다. 그래서 사장 역할이 힘든 것이다.

오랜 기간 생존 이상의 활동을 해온 기업들의 공통점은 바로 '핵심을 보존하고 발전을 자극하는 일이 리더로 인해 실행되는 조직'이었다는 것이다. 핵심을 보존하는 일은 시장 상황의 변화에 맞추어 사업을 재정의하고, 기업이 추구하는 핵심 가치를 분명히 하는 것이다. 발전을 자극하는 일이란 사업의 동력을 기업 내부에서 계속 만들어내고, 시대적 변화를 사업에 담아내는 것이다.

기업이 자신의 정체성을 유지하면서 시대적 흐름에 맞추어 변화하려고 노력하는 것은 언뜻 상충하는 듯 보일 수 있다. 실제로는 그렇지 않다. 구심력이 커야 더 큰 원심력을 감당할 수 있는 것처럼 사업의 핵심과 가치를 분명히 할수록 더 다양한 시도와 변화를 수용하는 창의적 접근이 가능해진다. 그래서 핵심을 보존하는 것과 발전을 자극하는 것은 'or'가 아닌 'and'의 사고로 받아들여야 한다.

자기 기업의 핵심을 보존하고 발전을 자극하라

시장 변화에 관계없이 스스로를 생존 이상의 상태로 유지할 수 있는 단순한 접근 방식이 있다. 조직문화에 두 가지 행동 코드를 심으면 된다.

첫 번째는 자신의 활동 영역에서 'No. 1'을 추구하는 것이다. 그 후에는 앞서 예를 들었던 질레트처럼 스스로 경쟁자로서 활동하는 것이다. 경쟁자의 존재를 자신의 사업 영역에서 아예 지워버리는 방식이다. 1위 추구가 유용한 이유는 시장의 주도자가 되면 사업이 훨씬 쉬워지기 때문이다. 두 번째는 스스로 경쟁자가 되는 방식을 조직의 습관으로 만드는 것이다. 조직 내에 역동성과 창의성이 유지되고, 시장의 변화에 능동적이고 적극적인 대응이 가능해진다. 자신의 사업 영역에 대한 소비자의 수요가 없어지지 않는 한, 이 두 가지 행동 코드가 조직문화에 스며든 조직은 시장 변화에 자연스럽게 능동적으로 대응할 수 있다.

오늘의 성공을 내일로 이어가기 위한 노력의 과정에서 사장이 조심해야 할 유혹이 있다. 준비된 역량을 넘어서는 시도다. 전략이 아무리 훌륭해도 그 전략을 실행할 수 있는 전술적 역량이 뒷받침되지 않으면 그 전략은 무용지물이 된다.

간혹 필요한 역량을 조직에 추가로 구비하면서 전략을 실행하면 되지 않을까 생각하지만, 실제 상황이 벌어지면 급조한 전술적 역량은 대부분 운용에 한계를 드러낸다. 전략 실행에서 '효과'와 '효율'을 모두 얻으려면 기업이 이미 능숙하게 사용할 수 있는 전술적 역량을 바탕으로 전략이 실행되도록 계획해야 한다. 따라서 변화를 추구하는 과정에서 전략을 뒷받침할 수 있는 조직 내부의 역량이 확보되어 있는가를 냉정하게 계산해야 한다.

또 하나 조심할 것은 기업의 정체성과 핵심 가치가 훼손되는 상황이다. 모든 새로운 시도는 기존의 사업 정체성을 강화시키는 것이 되어야지 그 정체성을 훼손시키는 것이 되어서는 안 된다. 당장은 문제가 없어 보여도 조금만 시간이 지나면 고객의 그 기업에 대한 기억과 거래에서 집중도가 떨어지게 된다.

또한 변화를 수용하는 과정에서 기업의 핵심 가치가 흔들리지 않도록 조심해야 한다. 정체성과 핵심 가치가 훼손되는 것은 나무의 뿌리가 손상되는 일과 같다. 정체성의 훼손은 기업 외부 고객에게 부정적 영향을 주고, 핵심 가치의 훼손은 기업 내부 고객에게 부정적 영향을 준다. 따라서 기업의 정체성과 핵심 가치를 지키는 일은 변화를 수용하는 모든 활동의 기초가 된다.

기업 환경은 늘 변한다. 오늘의 안정된 상태cosmos에서 내일로 넘어가는 과정에서 혼돈chaos의 환경 변화를 경험하고, 핵심을 보존하고 발전을 자극하는 사장의 리더십이 혼돈 속 질서chaosmos를 구현하는 과정을 통해서 기업의 뿌리는 더욱 튼튼해진다.

실전 TIP 12.

전략과 전술의 구분과 이해

우리는 '전략strategic'과 '전술tactic'이라는 단어를 일상적으로 쓰지만, 그 단어의 뜻과 구분의 필요성은 간과하는 경우가 많다. 먼저 전술과 전략이 어떻게 다른지 생각해 보자.

전술은 실행 역량, 전략은 묶어내는 방식

전술이란 구체적 실행 역량을 말한다. 전략은 전술적 역량들을 묶어내는 방식이다. 전략은 목표를 달성하는 데 의미가 있고, 전술은 전략이 의도대로 작동하는 데 도움이 되는지에 따라 가치가 결정된다. 축구 경기에서 특정 강점을 가진 선수 하나하나는 전술적 역량이 된다. 또한 그 선수들을 조합하여 세트피스를 연습하거나 압박 수비를 실행하는 것도 전술적 역량이 된다. 그러나 상대 팀이 누구냐에 따라 선수비 후 역습이나 세트피스를 통한 득점 노리기 등은 전략이 된다. 목표는 게임에서의 승리다.

아무리 적합한 전략을 세워도 그 전략을 실행하는 데 필요한 전술적 역량이 없으면 전략은 무용지물이 된다. 따라서 시간과 노력을 투자해서 전략에 적합한 전술을 추가로 개발할 수 있는 환경이 아니라면, 현재 가지고 있는 전술적 역량을 잘 조합해서 100퍼센트 운용이 가능한 전략을 구상해야 한다. 전략이 전술의 상위 개념이지만 실제 상황에서는 어떤 전술적 역량을 갖고 있느냐가 전략 설정의 중요한 전제가 된다. 현실에서는 일반적 개념과는 달리, 전술이 전략을 만드는 것이다.

전술이 전략을 만들고, 전략은 전술을 지배한다

일단 전략이 설정된 후에는 해당 전략에 적합하지 않은 전술은 과감히 배제해야 한다. 전략에 부합하지 않은 전술적 역량은 전략 수행에 오히려 저해 요소로 작용할 수 있기 때문이다. 전략 밖의 전술적 역량은 목표·전략·전술의 한 방향 정렬에 방해가 된다. 전술의 유용성은 전략의 범위 내에 있을 때뿐이다. 그래서 전략이 전술을 지배하게 된다.

2002년 한일월드컵에서 히딩크 감독 덕에 빛을 본 선수가 있는 반면에 별로 쓰이지 못한 스타급 선수들이 있었다. 선수들에 대한 히딩크 감독의 호불호 때문일까? 그렇지 않다. 승리를 위한 전략에 도움이 안 되는 선수(전술)들을 주변으로 물리친 것이다. 축구에서 감독은 자신이 운용할 수 있는 전술적 역량을 파악한 후에 목표를 이룰 수 있는 효과적 전략을 구상하고 실행하는 존재다. 또한 상대 팀을 대하기에 유용한 전략에 적합한 전술적 역량을 강화하고 구축하는 책임을 진다. 그래서 전략에 적합하지 않은 전술(스타 선수)들을 배제한 것이다. 전략이 전술을 지배하지 못하면 그 전략은 힘을 발휘하기 어렵다.

전술이 전략을 만들고 전략이 전술을 지배하는 원리는 사업에도 그대로 적용된다. 그래서 자신이 능숙하게 사용할 수 있는 전술적 역량을 바탕으로 사업 전략을 수립해야 한다. 자신이 능숙하게 다룰 수 있는 역량을 바탕으로 수립된 전략만이 힘을 발휘할 수 있다. 자신이 세운 전략의 수행에 필요한 전술적 역량이 준비되지 않은 상태라면, 우선적으로 실행 역량(전술적 역량)을 확보하는 데 시간과 노력을 투자해야 한다.

19 사장의 Career Path
: 재才 → 지智 → 현賢

——————— '사장은 어떤 방식으로 자신의 성장을 도모할 수 있는가?' CEO 가정교사로 활동하는 나에게 이 질문은 중요하다. 나 자신을 위해서도 그렇지만 사장의 성장을 돕는 역할을 자처한 삶을 살고 있기에 더욱 그렇다. 그래서 사장의 성장 방식에 대한 포괄적이면서 구체적이고 실용적인 접근 방법을 정립할 필요가 있었다.

조금 어색한 비유일지 모르지만, 1987년에 개봉한 영화 〈로보캅〉에서 로보캅의 걸음걸이를 보며 힌트를 얻을 수 있었다. 영화에서 로보캅은 자신이 갈 방향으로 먼저 고개를 돌린 후에 뒤 따라서 몸을 돌렸다. 중요한 발견이었다.

몸이 아니라 시선이 먼저다. 사장의 시선을 따라서 기업의 방향이 정해진다. 그래서 사장의 개인적인 성장은 기업의 성장과도 밀접한 관련이 있다. 문제는 성장이 어떤 방식으로 진행되느냐다. 내가 지식을 정돈하는 과정에서 우연히 깨닫게 된 '사장의 경력 경로career path'에 대해서 함께 생각해 보자.

인간 사회를 구분하는 여덟 가지 등급

중국의 국부로 불리는 쑨원孫文은 반식민지 상태에 놓여 있던 1920년대의 중국이 나아갈 방향에 대해서 고민하고, 자신의 생각을 민족民族, 민권民權, 민생民生에 초점을 맞춰 주장했다. 그 내용을 그의 제자들이 삼민주의三民主義로 통칭해서 기록으로 남긴다. 그중 '민권' 장에서 '인간은 평등하지 않다'는 주제로 인간 사회를 여덟 등급으로 구분해서 설명한 것이 바로 '성聖-현賢-재才-지智-평平-용庸-우愚-열劣'이다.

'성聖'은 성스러운 사람, '현賢'은 어질고 현명한 사람이다. '재才'는 재주와 재능이 있는 사람이다. '지智'는 지혜와 꾀, 모략이 많은 사람이다. '평平'은 평범한 사람, '용庸'은 자기중심적이고 이기적인 사람, '우愚'는 자신만 아는 어린아이와 같은 사람이다. '열劣'은 주변의 도움 없이는 스스로 서기 어려운 사람이다. 이렇게 여

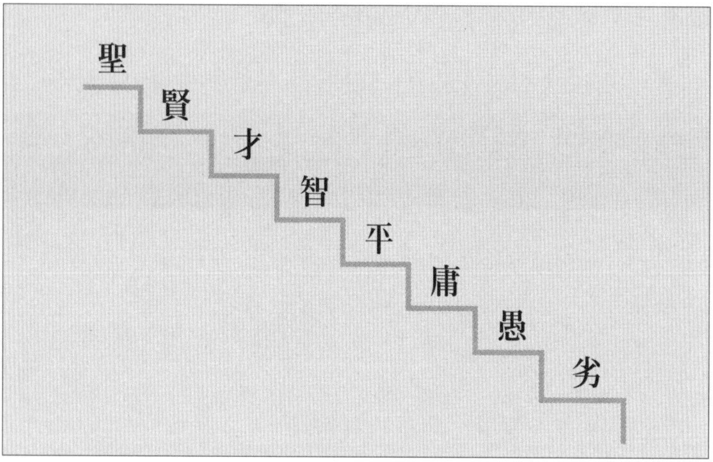

덟 등급으로 구분된 이들이 계층을 이루고 있다는 설명이다.

우리가 사는 세상을 잘 살피면 쑨원의 이 구분이 상당한 통찰력이 있음을 알게 된다. 그러나 쑨원의 인간 사회 구분을 내가 그대로 수용하기에는 마음에 껄끄러움이 있었다. 그러던 차에 친하게 지내던 한의사 한 분이, 계층hierarchy이 아니라 순환circle으로 이해하면 더 적절하겠다며 생각을 보태주었다. 눈이 환해졌다. 인간은 평등하지 않으며(평등할 수 없으며) 인간 사회에 계층이 존재하는 것도 사실이지만, 그것이 관계의 순환 형태로 기능할 수도 있음을 생각하는 순간… 인간의 존엄을 유지하면서 동시에 현실을 그대로 수용할 수 있는 새로운 인간 사회 모델을 모색하는 것이 가능해진다.

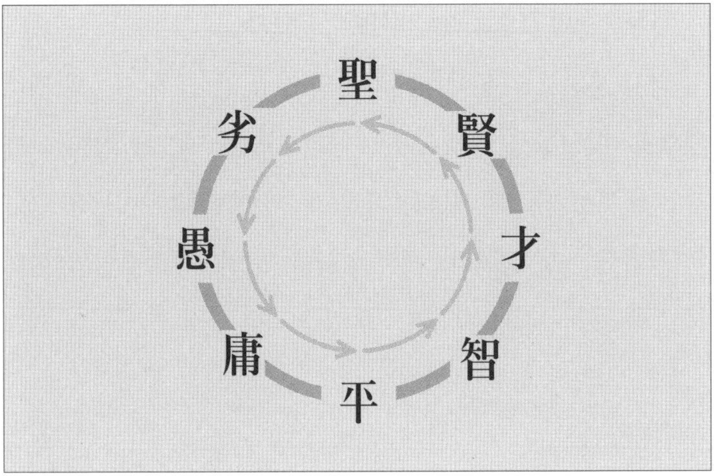

누가 성聖의 사람인가?

또한 계층 모델로 설명하기 어려웠던 성聖의 사람에 대한 정의가 명쾌해진다. 누가 성聖의 사람인가? 스스로의 힘으로는 생존하기 어려운 열劣의 사람을 돕고 섬기는 사람이다. 현대사에서 마더 테레사 같은 인물을 쉽게 떠올릴 수 있다. 이때의 깨달음은 내게는 거의 아르키메데스의 '유레카eureka'에 버금가는 것이어서, 기존의 경영학(평平-용庸의 경영학)에 대비해서 내가 오랜 기간 필요와 갈증을 느끼던 '작은 기업의 경영학(才의 경영학)'의 기초를 정돈할 수 있는 단초를 얻게 되었다.

사장은 어떤 경로로 현賢의 사람이 되는가

다시 본론으로 돌아가서 사장의 성장 방식, 즉 사장의 경력 경로에 대해서 생각해 보자. 자신의 사업을 궤도에 올리는 사장은 대부분 타고난 재능을 가진 재才의 사람이다. 이들은 별도의 학습 없이도 비즈니스에서 성과를 만드는 행동을 본능적으로 실행한다. 그러나 기업의 규모가 커지면 사장 한 사람의 재능으로는 기업의 성장에 한계가 있고 안정적으로 운영하기도 쉽지 않다.

만약 사장이 자신의 타고난 재능을 활용하는 것에서 멈춰 있으면, 본인의 발전은 물론 조직의 발전 역시 멈추게 된다. 그래서 사장은 성장해야 한다. 여기서 중요한 것이 어떤 초점을 가지고 발전을 도모할 것인가다. 사장이 스스로 지智를 쌓아가는 것이 핵심 초점이다! 사장 스스로 능동적이고 지속적인 학습을 하고자 노력해야 한다. 사장이 바른 마음으로 기업 활동을 하면서 일정량 이상의 지智를 쌓으면 저절로 현賢의 존재로 양질 전환이 이루어진다.

기업의 시작은 재才의 사람을 통해 실행된다. 대한민국의 기업사에서 고 정주영 회장을 쉽게 떠올릴 수 있다. 재才의 사람은 많은 수의 사람들을 고용하고, 자기 자신은 지속적으로 지智를 축적하려 노력하면서 현賢으로의 양질 전환을 꾀한다. 이로써

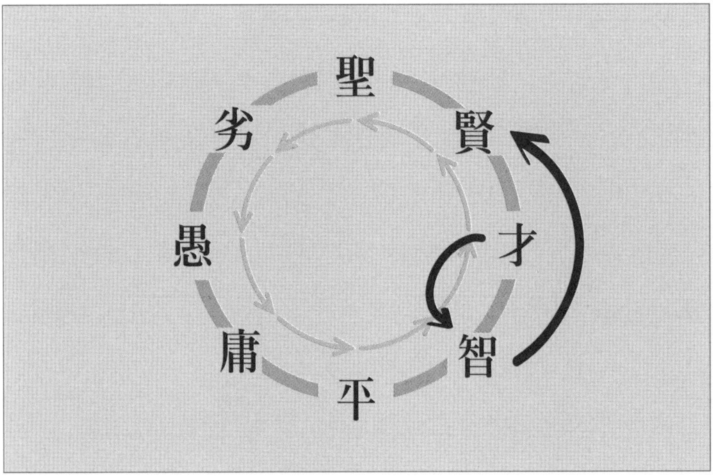

사장의 경력 경로, '재才 → 지智 → 현賢'이 완성된다.

본론에서 다소 벗어나는 내용이지만 '용庸-평平-지智-재才-현賢'의 사회적 관계의 생태계에서, 그 숫자는 적지만 핵심적인 역할을 담당하는 재才의 사람의 특성에 대해서 내 기억 속에 있는 한 사람을 떠올리며 '좋은 프로그래머'라는 개념으로 예를 들어보자.

실력 있는 프로그래머와 좋은 프로그래머의 차이

나는 1980년대에 전산병으로 군 생활을 했다. 2군단 사령부 최초의 병사로서, 이등병임에도 네 명의 이등병을 부하로 둔 흔치 않은 경험을 하면서 깨달은 것이 있다. 실력 있는 프로그래머와 좋은 프로그래머가 구분된다는 것이다.

실력 있는 프로그래머는 다른 사람이 짠 프로그램을 쉽게 파악하고 여러 프로그램들의 에러를 잘 잡아낸다. 반면에 좋은 프로그래머는 처음부터 에러가 생기지 않는 프로그램을 짠다. 전산실을 운영하는 리더에게는 두 존재가 모두 유용하지만, 만약 한 사람만 선택해야 하는 상황이라면 실력 있는 프로그래머보다는 좋은 프로그래머를 우선할 것이다.

개인의 실력 자체가 아니라 조직에서 필요한 것이 실행되는지에 초점을 맞추어야 한다. 그래서 실력 있는 프로그래머는 좋은 프로그래머가 되기 위한 과정이어야 한다. 피터 드러커는 이런 사람을 '성과를 내는 습관을 가진 사람'으로 구분했고, 나는 이런 사장을 '되게 하는 사람'으로 통칭한다.

사장은 자신만이 아니라 조직 내의 사람이 모두 그렇게 생각하고 행동하도록 방법을 찾고 노력할 필요가 있다. 조직의 시스템이 아무리 훌륭해도 그 위력의 기초는 개인이다. 평범한 개인들을 통해서 비범한 성과를 만들어내는 것이 경영자로서 사장의 역할이기도 하다. 그래서 사장은 각 개인이 좋은 프로그래머가 되는 것이 당연하게 여겨지는 조직문화를 형성하기에 적합한 정책들을 만들고 유지해야 한다. '되게 하는 사람이 주를 이루는 조직'의 시발점 역시 사장이 된다.

재才의 사람은 현賢의 사장을 섬긴다

재才의 사람들에게는 중요한 특성이 있다. 현賢의 사람에게 자발적으로 순종·복종하는 경향을 보인다는 점이다. 그 어떤 물리적 조건도 자신을 인정해 주고 믿고 따를 수 있는 현賢의 존재를 대체하지 못한다. 심지어 재才 성향의 사람들 중에는 자신의 개인적 이익보다 현賢의 사람의 존재 유무와 관계를 우선시하는 사람까지 있다.

보통 태생적 재才의 사람은 규칙에 아랑곳하지 않고 까다롭고 고집스러운 형태로 존재하는 경우가 많다. 그래서 시스템을 운용하는 다수의 지智의 사람들과 갈등을 일으킬 때가 있고, 평平과 용庸을 중심으로 운용되는 조직문화를 견디지 못하고 떠나는 일도 부지기수다. 이때 현賢의 모습을 가진 사장의 존재는 매우 중요하다.

기업을 포함한 많은 조직에서 '악화가 양화를 구축하는 현상'이 일반화되는 경우가 많은데, 재才 성향의 사람은 조직에서 소수이고 시스템을 운용하는 다수의 지智의 사람들에게 치이는 경우가 많기 때문이다. 지智의 사람들과 재才의 사람 사이에 갈등이 일어나는 경우, 조직적 기반에서 역량을 발휘하는 지智의 사람보다 독립적으로도 역량을 발휘하는 재才 성향의 사람이 더 쉽게 조직을 떠날 수 있다.

이때 사장이 재才의 단계를 벗어나지 못한 상태에 있으면 사장에 의해 그런 재능의 사람이 솎아지게 된다. 재才의 사람의 특징 중 하나가 반골 기질을 갖고 있다는 것이다. 이 부분 역시 사장이 자신을 현賢의 사람으로 발전시켜 나가야 할 또 다른 중요한 이유가 된다.

조직 내 재才의 사람의 유용성은 돌파의 시기에 나타난다. 조직에서 돌파는 타고난 재능을 가진 재才의 사람 외에는 쉽게 해내지 못한다. 지智의 사람은 현재 시스템을 유지하는 효율의 영역에서 더 큰 능력을 발휘한다. 심지어 현賢의 사람도 원만한 관계를 유지하려는 성숙한 삶의 태도와 노쇠한 기력 탓에 돌파에는 적합하지 못하다.

관계하기 까칠하고 부담을 느끼게 하는 경우가 많지만 비즈니스 조직에서 재才의 사람의 존재는 매우 소중하다. 사장이 현賢의 사람일 때 비로소 조직 내에 우연히 찾아온 재才의 사람이 그 울타리에 오랫동안 머무를 수 있다. 그것이 사장이 재才의 상태에 머무르지 않고 현賢을 향해서 지속적인 발전(지의 축적)을 도모해야 하는 중요한 이유 중 하나이며, 이는 조직 내에 돌파 역량을 쌓는 실제적인 방법이 된다. 기업의 성장과 궤를 같이하는 재才 성향 사장의 노력은 재才의 사람을 포용하고 그들의 울타리로서 작용할 수 있을 때까지, 지속적으로 지智를 쌓아서 현賢으로 양질 전환이 이루어질 때까지 계속되어야 한다.

현賢을 추구하는 사장에게 필요한 네 가지 태도

사장 자신이 재才의 존재이면서 지속적으로 지智를 축적하는 노력을 통해서 현賢의 사람으로 양질 전환을 하는 것이 사장의 경력 경로career path가 됨을 정리해 보았다. 그 과정에서 사장에게 필요한 몇 가지 '지각'을 덧붙여 보자.

첫 번째는 '섞여 있음'에 대한 이해다. 알곡과 가라지는 늘 섞여서 자란다. 비 온 뒤의 밭에는 가라지가 알곡보다 더 크게 자라서 멀리서 보면 가라지만 가득한 밭으로 착각할 정도다. 이때 사장은 숨겨진 알곡에 집중하는 관점과 습관을 가져야 한다. 가라지 때문에 알곡이 훼손되지 않도록 노력하고, 추수할 때에 둘을 구분하면 된다.

두 번째는 '평균'에 대한 바른 이해다. 집단의 평균은 개인에게는 무조건 허수다. 그래서 집단의 평균을 기준으로 개인을 쉽게 평가하지 않도록 유의해야 한다. 특히 평균 이상의 성과를 내는 개인이 도전 의식을 가질 만한 새로운 과업을 제공하는 방식을 찾아볼 필요가 있다. 평균 아래에 머무는 사람이 있다면 그들이 잠재 능력을 활용할 수 있는 환경에서 일하게 하는 방법을 찾는다.

세 번째는 '조직 성과에서 편차 줄이기'다. 집단을 평가할 때 평균은 높고 편차는 낮을수록 효율적인 조직 운영이 가능하다. 그래서 일정 수준 이상의 평균 성과를 얻은 경우에는, 그 성과를 유지하면서 조직의 편차를 줄일 수 있는 방법을 찾는 과정을 프로세스에 넣을 필요가 있다. 편차를 줄일수록 같은 성과를 내면서도 비용은 현격히 줄일 수 있기 때문이다. '평균을 높이고 → 편차를 줄이고 → 평균을 높이고 → 편차를 줄이고…'를 반복하면서 효율적인 조직 운영을 도모할 수 있다.

네 번째는 '가중치 읽기'다. 비즈니스는 100점 만점이 아닌 80~85점을 지향하는 게임이다. 그래서 성과에 영향을 미치는 여러 가지 변수 중에서 결과에 영향을 주는, 가중치가 높은 한두 가지 변수를 찾는 통찰력을 발휘할 수 있으면 효과와 효율을 모두 얻을 수 있다. 기업의 힘과 에너지를 가중치가 높은 변수에 우선해서 집중할수록 사업의 결과를 긍정적으로 이끌기가 쉬워진다.

실전 TIP 13.

돌파 역량의 축적

사장이 조직 내에 반드시 구축해야 하는 역량이 있다. '돌파 역량'이다. 사업에서는 늘 장애물을 만나고 그것을 돌파해야 다음 단계로의 이행이 가능하다. 사업 초기에는 사장 자신이 돌파 역량의 소유자다. 그러나 시스템이 구축되고 그 힘으로 회사가 운영되는 시기에는 자칫 돌파 역량이 소홀히 취급될 수 있다.

시스템 역할의 초점은 현재 진행되고 있는 사업의 효율적 운영이다. 시스템이 돌파 역량을 대신할 수 없다는 뜻이다. 돌파는 돌파 역량을 갖춘 사람만이 해낼 수 있다. 그래서 조직에는 사장 외에도 필요한 일은 어떻게든 해내는 돌파 역량을 갖춘 사람이 필요하다. 사장에게 젊었을 때 자신의 모습을 보는 것과 같은 느낌을 주는 사람이 그런 사람일 수 있다. 아마도 앞에서 언급한 '좋은 프로그래머'가 그런 사람일 가능성이 크다.

재才의 경영학

많은 사람을 접하다 보면 '저 사람은 참 일을 잘하는구나' '저 사람은 조금만 시간이 지나면 일을 참 잘하겠구나' 하는 생각을 갖게 하는 사람이 있다. 그 영역에 대한 많은 경험과 지식을 가진 사람인 경우가 대부분이지만, 간혹 경험과 지식 없이도 타고난 재능으로 일을 풀어가는 사람을 만나게 된다. 문제를 푸는 구체적 방법에는 차이가 있지만 그들은 어떻게든 결과를 만들어낸다. 처음 하는 일인 경우에는 다소 거칠고 투박하지만 어떻게든 목표한 결과를 만든다. 두세 번째가 되면 훨씬 더 능숙하고 세련되게 일을 처리한다. 모르는 사람에게는 오랫동안 그 일을 해왔던 사람처럼 비친다.

'재才의 경영학'은 조직 내에 돌파 역량을 확보하는 경영 방식에 대한 것이다. 재才의 사람 구분, 재才의 사람 확보,

재才의 사람 활용, 재才의 사람과 평平-용庸의 사람을 효율적으로 운영하는 시스템의 중심인 지智의 사람과의 조화, 이를 통한 시너지 효과를 알고 활용하는 것이다. 기존의 경영학이 평平-용庸의 사람을 근간으로 한 시스템 중심의 '평平-용庸의 경영학'이라면, 재才의 사람을 적극적으로 활용해 조직을 운영하는 방식을 '재才의 경영학'으로 구분할 수 있다.

재才의 경영학은 사장 자신이 '사장의 경력 경로'를 통해 현賢의 사람으로 서는 과정이 전제될 때 훨씬 쉽게 실행되고 조직 내에 뿌리내릴 가능성도 커진다. 사장이 '재才 → 지智 → 현賢'의 과정을 거치면서 재才의 경영학의 필요성과 유용성에 동의하고, 기존 평平-용庸의 경영학과 재才의 경영학을 연결시키는 방식을 찾아낼 수 있다면 기업 운영에 매우 유용하고도 새로운 방식이 될 것이다.

20 자기 자신의 성공 공식 정립하기

——————— 더 많이 경험하고 더 많이 실패하고 더 많이 읽고 정리하면서 비즈니스의 핵심에 대해 새롭게 깨달아 간다. 그중 하나가 정작 중요한 것들은 대부분 눈에 보이지 않는다는 사실이다. 마치 우리가 수면 위의 빙산 윗부분만을 볼 수 있을 뿐, 그것보다 아홉 배 이상 큰 빙산의 아랫부분은 볼 수 없는 것과 같다.

비즈니스 자체에 대한 객관적 이해가 필요하다

눈에 보이지 않는 부분을 볼 수 있는 시각Insight을 갖지 않는

한 비즈니스에 대한 객관적 이해는 어렵다. 또한 비즈니스는 '양量의 게임'이라는 것을 반드시 알아야 한다. 양이 쌓이고 쌓이면 어느 순간 질적 전환이 이루어진다. 어떤 노력 때문이 아니라 강물이 흘러서 바다로 들어가는 것처럼 저절로 이루어지는 것이다. 비즈니스의 결과라는 드러난 현상은 마치 질에 의해서 성패가 갈린 것처럼 보인다. 하지만 통찰력을 가진 시각으로 보면 비즈니스 성패의 본질은 결국 양의 축적에 있음을 알게 된다.

또 하나의 중요한 깨달음은 몰라서 못 하는 것보다 알아도 못 하는 것이 훨씬 더 많다는 것이다. 그래서 성공하는 비즈니스맨의 공통점 중 하나는 알고 깨달은 바를 구체적으로 실행하는 데 익숙하다는 것이다.

실행 없는 깨달음은 머리만 키워 오히려 진보를 더디게 하고 다른 사람의 발전을 막기도 한다. 그래서 사장의 도전 중 큰 부분이 사람들이 이미 알고 있는 것을 어떻게 하면 비즈니스 현장에서 실제로 이루어지게 하느냐에 있다. 그 방법과 실행의 형태는 기업의 상황과 리더의 성향에 따라서 천차만별로 다를 수 있다. 중요한 초점은 알고 있는 것을 실행하는 조직은 원하는 결과를 얻지만 실행하지 않는 조직은 어떤 결과도 얻을 수 없다는 것이다.

비즈니스 초심자는 몰라서 못 하는 것이 더 많은 사람이다. 그래서 초심자에게는 쉬운 기회가 있다. 모르던 것을 새롭게 알고 깨닫는 순간 자신의 일과 역할에 바로 적용하면 된다. 그러면 이전보다 더 나은 결과를 얻을 수 있다. 비즈니스 숙련자는 알아도 못 하는 것이 더 많은 사람이다. 이미 지식을 가진 이들에게 필요한 것은 용기다. 이미 알고 있는 것을 현장에서 실행하는 용기를 낸다면 이전과 다른 결과를 만들어낼 수 있다. 초심자의 용기가 숙련자에게 전해지고 숙련자의 지식이 초심자에게 전해질 수 있다면 그 사업장은 상승작용을 통한 에너지로 충만하게 될 것이다. 초심자에게는 지식을, 숙련자에게는 용기를, 그리고 이들이 어울려서 서로에게 긍정적인 작용을 할 수 있는 환경을 조성해서 시너지를 이끌어내는 것이 사장의 몫이다.

경영 현장에는 실제로 존재하고 작용하지만 쉽게 지각되지 않기에 그 중요성이 간과되는 것들, 'Before'로서 양의 축적이 선행되지 않으면 의도했던 'Do'가 진행되기 어려운 순서의 본질, 몰라서 못 하는 것과 알아도 못 하는 것이 혼재되어 있다. 여기에서 겉으로 드러난 필요와 진짜 필요를 구분하고, 가용한 힘을 모아서 방향과 초점을 정리 정돈함으로써 진도를 나가게 하는 것이 사장의 핵심 역할이다. 그래서 사장이 어떤 시각을 가지고 어떤 생각과 질문을 하느냐가 중요해진다.

실제로 사장의 질문 수준이 기업의 방향과 행동 초점을 달라지게 한다. 레빗과 드러커의 질문을 참조해서, 사장은 자신과 자신의 기업에 필요한 질문을 찾고 자신에게 적합한 실행 공식을 배우고 채워가는 과정을 소중히 다루어야 한다. 또한 사장은 그 실행의 과정에서 성과와 아쉬움을 반복하면서 자신만의 색깔을 가진 성공 공식을 확립할 수 있다. 그 내용과 기업의 성취를 다른 이들에게 인정받을 때, 사장의 성공 공식은 사회적으로 통용되는 성공 공식이 되어서 세상에 널리 전해진다.

공부하고 배우는 사장에게는 미래가 있다

이 책의 서문에서 "사장이 되려면 무엇을 어디까지 알아야 할까?"라고 질문했다. 나의 대답은 2부의 '사장이 넘어야 할 다섯 개의 산'이 있다는 것을 알고, 'Before-Do-After'의 관점을 가지고 준비하고 행동해야 한다는 것이다. 그러나 기존의 경영학 교과서에는 세 개의 산, 즉 고객의 산, 경쟁의 산, 기업 내부의 산만이 설명되어 있을 뿐이다. 기업의 시작점이 되는 '생존의 산'에 대해서는 언급이 없다.

그 산에서 진행되고 벌어지는 일을 경영학자나 경영 컨설턴트들은 명확히 알지 못한다. 생존을 위해서 노력하고 발버둥치는 기간은 일반화하기가 어렵고, 실제로 생존의 산을 넘는 방식은 그 산을 넘은 사장의 숫자만큼이기 때문이다. 이는 구체적인 실행과 경험이 없으면 알기 어렵고 설명하기는 더더욱 어렵다. 또한 생존을 모색하는 것이 지상 과제인 '효과'의 시기를 언급하는데, '효율'을 비즈니스의 핵심으로 다루는 기존의 경영학에서는 이를 진솔하게 담아낼 수 있는 방식이나 틀이 없다. 그래서 마지막 다섯 번째 산을 넘을 수 있는 핵심 열쇠가 첫 번째 산을 넘는 과정에서 만들어진다는 관계성을 배울 방법이 없다. 어쩔 수 없이 기존의 경영학에서는 기업의 시작과 끝을 다루는 1번과 5번을 빼고 2번, 3번, 4번만 배울 수 있다.

결과적으로 기존의 경영학 교과서를 통해서 배울 수 있는 것은 평平-용庸의 경영학이다. 훨씬 더 중요하고 핵심적인 내용인 첫 번째 산과 마지막 다섯 번째 산을 넘을 수 있는 방식과 방법은 가르치는 사람도 없고 배울 수 있는 곳도 없다. 사장 스스로 질문을 찾고 배움의 통로를 찾아내야 한다.

사장에게 필요한 지식들은 세상에 널려 있다. 그것을 선별해서 자신의 지식으로 만드는 일은 오롯이 사장 자신의 몫이다. 그 방식도 천차만별이다. 그래서 배움을 위해서 노력하는 사장에게는 '구분'의 지혜가 필요하다. 그 일의 성격에 관계없이 '시작과 끝'을 알기 위해서 노력하는 것은 늘 의미가 있다. 또한 우리가 사는 세상이 '순환'의 원리에 있음을 알고, 형태와 현상 속에 숨겨진 본질과 핵심을 알기 위해 묻고 확인하는 것은 좋은 태도다.

좋은 것을 좋다고 인정하고 받아들여서 자기 것으로 발전시키고, 끈기와 근성을 가지고 연습하고 노력해서 솔직하게 평가받는 사장의 자세는 참 귀하다. 시작과 끝을 알고 그 과정에서 피해 갈 수 없는 초점들을 알면, 대충 이상으로 그 일을 안다고 말할 수 있다. 사장에게는 사업을 진행하는 '자기 공식'이 있어야 한다. 대大공식, 중中공식, 소小공식을 지속적으로 정리하고 정돈하는 부지런함이 필요하다. 어떤 공식을 가졌는가가 그 사장의 삶을 대변하고 설명해 준다.

"부족한 것 때문에 지고, 명확한 강점으로 이긴다." 사장이 꼭 기억해야 할 말이다. 보통의 사람은 부족한 것을 부끄럽게 여기고 감추는 데 더 익숙하다. 사장의 태도는 그래서는 안 된다. 모르는 것을 인정하고 필요한 것을 적극적으로 배우려는 자세를 가진 사장에게는 늘 미래가 있다. 또한 결정적인 순간 날릴 수 있는 한 방을 가지고 있으면 누구도 쉽게 건드리지 못한다.

그래서 다섯 개의 산을 넘는 과정을 거치면서 자신의 인생을 사는 사장은 한 가지 습관을 갖게 된다. 일반 지식을 자신의 기업에 맞게 적용하려는 노력이다. 적절한 지식을 찾아내 기업에 적합하게 적용하는 것은 사장이 해야 할 일이다. 조직원이 자신의 기업에서 필요한 지식이 무엇인지 의논하고, 알게 된 지식을 적용시키기 위해서 함께 노력하는 분위기를 만들 수 있으면 좋다. 또한 그것을 실행에 옮기기 위한 초점이 무엇인지 토론하고,

실행의 구체적 방법과 역량을 갖추려는 노력을 소중히 여기고 박수를 쳐주는 문화를 만들 수 있다면 더욱 좋다. 비즈니스는 결국 실행의 게임이기 때문이다.

수요를 확인하고 거래를 반복하는 자기 기술 정립

사업을 준비하고 실행하는 사장에게 꼭 필요한 감각·기술이 있다. 수요가 있는 일인가를 묻고 답하는 것이 그 첫 번째다. 수요가 없는 곳에서는 그 어떤 비즈니스도 일어나지 않는다. 두 번째는 발견된 수요를 거래로 연결하는 기술을 갖는 것이다. 비즈니스는 거래의 과정을 통해서 호흡하고 몸집을 부풀린다. 거래의 기술은 사장과 조직원이 끝없이 생각하고 축적해 가야 하는 주제가 된다. 마지막 세 번째는 첫 거래를 반복 거래로 전환하는 시스템 구축이다. 한 번의 거래는 요령과 순발력으로 가능하다. 하지만 반복 거래는 구축된 시스템을 통해서 지속하고 개선해야 한다. 즉 '수요 캐치 → 첫 거래 성사 → 반복 거래 시스템 구축'이 비즈니스의 핵심축이 된다.

사업을 한다는 것은 비즈니스 게임에 참여하겠다고 선언하는 것이다. 또한 사장이 된다는 것은 비즈니스 게임의 리더로 나서는 것을 의미한다. 그래서 사장은 이기는 게임을 할 수 있도록 판을 짜는 역량을 갖추어야 한다.

비즈니스 게임에는 규칙이 있다. 들어오는 돈이 나가는 돈보다 많게 해야 하고, 고객에게 매력적이고 경쟁자와의 관계에서 경쟁우위를 갖추어야 지속할 수 있으며, 사업 조직을 통해서 이루어지는 이 게임의 핵심인 고객을 확보하고 유지하는 것이다. 사장은 이러한 게임의 규칙을 알고 자신의 전략으로 게임에 참여해야 한다. 또한 일회성 게임이 아닌 연속성과 지속성을 가진 게임에서 자신의 공식을 수정·보완하는 습관을 만들고자 노력해야 한다.

변하지 않는 것과 변하는 것

사장이 공부해야 하는 초점 두 가지가 있다. 하나는 변하지 않는 것에 대한 이해다. 다른 하나는 변하는 것에 대한 이해다. 변하지 않는 것과 변하는 것을 구분해서 이해하고, 자기 사업을 통해서 시행착오와 깨달음을 반복하면서 때와 상황에 적합한 자신의 사업 공식을 정리 정돈한다. 그 공식을 지속적으로 수정함으로써 사장도 성장하고 기업도 성장한다. 그 과정에서 성공 요소와 성장 요소를 기업 운영의 틀 안에 짜 넣는다. 그래서 기업의 성장은 사장의 성장과 궤를 함께한다.

사장의 성장 없이는 기업의 성장도 없다. 사장은 바른 사명을 세우고 합당한 목표를 설정하며, 목표를 현실화할 수 있는 전략을 짜고 그 전략을 실행할 수 있는 구체적 역량을 쌓아간다. 목표 고객을 찾고 그들의 욕구가 무엇인지 파악하며, 시대의 흐름과 경쟁 상황을 고려한 적절한 상품을 제공할 수 있어야 한다. 우연한 성공을 꽉 붙잡을 수 있는 구조를 만들고, 오늘의 성공을 내일로 이어갈 수 있는 시스템을 갖추어야 한다.

사장은 어떻게 사람을 '길러내야' 하는가

사장의 마지막 미션은 '사람 기르기'다. 사장은 자기 자신뿐 아니라 함께 일할 사람을 준비하고 훈련시켜야 한다. 사장에게 사람을 길러야 하는 명확한 이유와 초점이 없으면 지속하기 어려운 미션이다. 쓸 만한 사람은 늘 부족하고 처음부터 우수한 인재를 구하기 어렵다는 전제에서 시작해야 한다.

자기 기업에서 필요한 인재가 어떤 사람인지 구체적 필요를 정립하는 것이 우선이다. 가장 기본적인 접근 방식은 자신의 기업이 꽤 쓸 만한 기업임을 알리는 것이다. 훌륭한(옳은, 가치 있는, 바람직한, 꼭 해야 할) 이념을 가진 기업이라는 것이 알려지면 사람은 모여든다. 정확히 알리고 기다리는 일부터 시작해서, 점차 일반적인 관점을 넘어서 기업에 적합한 사람을 구분하고 초점을 맞추는 구체적 방식을 찾아내는 노력을 계속해야 한다.

만약 주변 사람들이 모두 인정할 만큼 좋은 대우를 할 수 있는 상황이라면 그 노력이 더 쉬울 수 있다. 그러나 재정적 보상뿐 아니라 정신적·관계적 보상의 영역을 함께 고려해서 자신의 기업 특성과 가치 지향에 걸맞은 방법과 방식을 찾아내면, 객관적으로 불리한 환경이라 해도 실제 상황에서는 내실 있는 알찬 사람으로 길러내는 일은 그다지 어렵지 않다. 이 또한 사장의 자세와 태도가 크게 영향을 주는 영역임을 나의 30년 경험 속에서도 직간접적으로 확인할 수 있었다.

사람 기르기의 핵심은 적합한 사람을 구분하는 것과 그 사람의 강점을 발휘할 수 있는 적절한 환경을 제공하는 것에 있다. 가장 기본적으로 생각할 것은, 목표가 무엇이고 어떤 전략을 가지고 목표에 접근하려는지를 명확히 공유하는 것이다. 그 과정에서 사람들은 자신의 의욕을 불러일으킬 만한 업무를 찾는다. 또한 기업이 자신에게 기대하고 있다는 사실을 인식하면 맡은 역할에 더욱 집중하게 된다. 조직에서 함께 일하기에 좋은 사람을 내 관점으로 정리하면 다음과 같다.

1. 쉬운 일은 쉽게 하고 어려운 일은 어렵게 하는 사람
2. 효율의 때와 효과의 때를 구분해서 행동할 줄 아는 사람
3. 명령과 요구가 주어졌을 때 진정성 있는 자세로 집중하는 사람

4. 목표에 집중하고 전략을 유지하면서 상식으로 소통할 수 있는 사람
5. 자신의 관점으로 정확한 판단을 하는 사람
6. 영역별 평균 점수를 얻으면서 한 가지 이상의 영역에서 명확한 강점을 가진 사람
7. 옳은 방식으로 일하기 위해 노력하는 사람

기업에서 사람을 기르기 위한 노력은 일반적인 기업 성과를 얻기 위한 노력보다 난도가 더 높다. 사장이나 기업의 의지뿐 아니라 직원의 의지도 변수로 작용하기 때문이다. 변수가 늘어나는 것은 그 일이 의도대로 진행되지 않을 가능성이 더 크다는 뜻이다.

"총론에는 정답이 있고 각론에는 진심이 있다." 모든 일이 마찬가지지만 사람을 키우는 일에는 더더욱 각론이 중요하다. 사장이 진심을 어필하는 수준으로는 부족하다. 사장의 자세와 태도, 기업의 지향점이 분명해야 한다. 기업의 규모에 따라서 사장의 개인격과 조직격이 주는 영향력이 달라짐을 냉정하게 판단하고, 사람을 길러내기 위한 적합한 방식을 찾는 사장의 지속적인 노력과 역할이 필요하다.

실전 TIP 14.

습관이 된 것만 남는다!

사장이 사업을 시작하고 진행하는 과정에서 습관으로 만들면 좋을 일곱 가지를 소개한다. 머리로 아는 지식을 쌓는 것만으로는 부족하다. 습관이 된 것만 자신의 것이 될 수 있음을 기억하자!

1. 영향력의 영역에 집중하는 습관

세상의 모든 일은 자기 자신을 중심으로 '영향력의 영역'과 '관심의 영역'으로 구분할 수 있다. 영향력의 영역이란 자신이 노력하고 에너지를 투입하면 변화를 일으킬 수 있는 통제 가능한controllable 영역이다. 반면 관심의 영역은 아무리 노력해도 변화를 가져올 수 없는uncontrollable 영역이다.

보통의 사람들은 영향력의 영역이 아닌 관심의 영역에 대해 주로 말하고 논쟁한다. '다른 사람이 어떻게 해주어서' 상황의 변화를 모색하는 자세다. 일반인은 괜찮아도 사장은 절대로 그래서는 안 된다. 사장은 철저하게 영향력의 영역에 집중해야 한다. 그것이 사장의 습관이 되고 조직의 습관이 되도록 노력해야 한다.

2. 정리·정돈·청결의 습관

정리란 '필요한 것과 필요 없는 것을 구분하고, 필요 없는 것을 떠나보내는 것'이다. 필요와 기준을 분명히 해야 할 수 있는 활동이다. 정리 후에는 필요한 것을 정돈하는 과정이 필요하다. 정돈이란 '필요한 것을 있어야 할 자리에 두는 것'이다. 쉬운 말처럼 들리지만 일이나 사람, 사물을 적절하게 배치하는 것은 전문성 없이는 어려운 일이다. 청결이란 '즉시 사용할 수 있는 상태를 유지하는 것'이다. 부지런함과 성실함이 필요한 부분이다.

이 세 가지가 습관화되면 어떤 상황, 어떤 공간에서도 기본 이상을 할 수 있다. 정리를 위해서는 필요와 기준을 확인해야 하고, 정돈 과정에서는 일의 전문성이 확보되고, 청결을 위해 노력하는 과정에서는 성실함과 부지런함이 몸에 밴다. 또한 정리·정돈·청결이 습관화된 사장의 뒷모습을 통해서 주변 사람들도 자연스럽게 도전과 영향을 받게 된다.

3. 필요에 집중하는 습관

일반적인 협상의 개념으로 '성공 거래 3단계'가 있다.

1단계: 자신의 필요 분명히 하기

2단계: 상대의 필요 파악하기

3단계: 상대의 필요를 충족시키되 돈이 가장 덜 드는 방법 찾기

협상의 첫 단계는 자신의 필요를 분명히 하는 것이다. 보통 상대방의 필요를 파악하는 것을 첫 단계로 생각하는데 명백한 오해다. 자신의 필요를 분명히 하지 않으면 상대의 요구나 상황에 따라 자신의 필요를 바꾸는 결과가 생길

수 있다.

자신의 필요를 분명히 하면 상대방의 요구나 필요를 자신의 필요를 해결하는 과정에서의 지렛대로 사용할 방식을 찾아낼 수 있다. 사장이 필요를 분명히 하면 조직의 다른 사람들은 그 필요를 해결할 수 있는 창의적 방식을 도출할 수 있다.

상대의 필요를 충족시키면서 자신의 필요를 얻어내는 것은 협상에서 효과를 얻는 것이고, 그 과정에서 가장 돈이 덜 드는 방법을 찾아낼 수 있다면 효과와 효율을 모두 얻는 거래가 된다. 모든 협상과 거래에서 '자신의 필요를 분명히 하는 것'이 첫 번째임을 꼭 기억하자.

4. 되는 방법을 찾는 습관

사장은 안 되는 이유를 설명하는 데 시간을 쓰지 않아야 한다. 그것이 작은 확률의 것이라도 되는 방법을 찾는 것에 집중해야 한다. 10퍼센트의 가능성을 30퍼센트, 50퍼센트로 키우고 결국 100퍼센트로 만들어가는 것이 사업이다. 없는 것을 만드는 것이 아니라 가능성을 키워가는 것이다.

되는 방법을 찾는 방식이 조직의 문화가 되면 그 조직은 강해진다. 사업의 전 과정에서 조직원이 저절로 훈련되기 때문이다. '안 될 이유가 될 필요보다 훨씬 많아도 필요하다면 그것은 이루어져야 한다'는 사장의 태도는 조직을 강하게 만드는 필요조건이다.

5. 윈-윈의 관계 정립을 위해 노력하는 습관

사장은 모든 일에서 '윈-윈'의 방식으로 일하기 위해서 노력하는 모습을 보여야 한다. 그것이 자신은 물론 함께하는 사람들을 본질적으로 강하게 만들어주기 때문이다.

일정한 크기의 파이를 어떻게 하면 더 많이 차지할 것인가를 고민하는 '제로섬zero-sum' 방식은 사람들을 싸움꾼으로 만들지는 몰라도 바람직한 비즈니스맨으로 키우지는 못한다. 또한 기업 외부에서 제로섬 방식에 익숙해진 사람들이 조직 내부에서 같은 방식으로 관계하게 되면 바람직하지 않은 파벌이 형성될 가능성이 크다.

사업 과정에서 모든 일을 윈-윈의 방식으로 해결할 수는 없지만, 가능한 한 윈-윈의 방식을 탐색하고자 노력하는 사장의 자세가 사장 자신은 물론 함께 일하는 사람들이 바람직한 형태로 성장하는 데 긍정적인 영향력을 미친다.

6. 옳은 것·효과적인 것·돈 되는 것을 구분하는 습관

사업은 무엇이 옳고 그른가를 따지는 시시비비是是非非의 영역이 아니다. 무엇이 자신의 목표와 전략적 실행에 효과적인가를 구분하고, 그 실행의 결과를 돈이 되게 만드는 게임에 가깝다. 그러나 지극히 비즈니스에 충실한 행동만 해서는 오히려 얻는 것이 제한될 가능성이 크다. 그래서 사장은 사업을 계획하고 실행할 때 무엇이 옳은 것인가를 고민할 필요가 있다.

이러한 사장의 태도는 앞서 언급한 재才의 사람들에게 긍정적인 영향력을 발휘한다. 사장의 태도가 현賢의 개념으로 받아들여지기 때문이다. 사업을 하는 사람에게 무조건 옳은 것을 하라고 강요할 수는 없다. 사업의 근본 성격이 이익을 추구하는 것이기 때문이다. 그러나 이익만을 위한 노력이 아니라 사회적으로 꼭 필요한 것을 옳은 방식으로 진행하려는 사장의 지속적인 시도는 함께 일하는 사람의 마음을 얻고 보이지 않는 영역에서 적극적인 행동을 끌어내는 힘이 된다.

7. 절벽에서 뛰어내리는 습관

막다른 절벽에 다다랐을 때 사장은 어떻게 해야 할까? 그 방향이 맞으면 절벽에서 뛰어내려야 한다. 두려움 때문에 뒤돌아서거나 주저앉으면 그 조직 역시 주저앉게 된다. 희한한 것은 과감히 절벽에서 뛰어내리면 안개에 싸여서 보이지 않던 새로운 길을 찾게 된다는 점이다. 죽음을 각오하고 뛰어내린 절벽 아래서 평소에는 찾을 수 없던 새로운 길을 찾게 되는 아이러니를 여러 번 경험하게 된다.

나가는 글

사장의 리더십과 직원의 팔로워십

"제가 선생님께 별명을 하나 지어드려도 괜찮을까요?" 지금으로부터 10년 전, 이틀간의 교육을 마무리하는 시간에 한 청년이 호기심 많은 표정으로 물었다.

"네, 좋아요. 나한테 어울릴 것 같은 별명이 뭔가요?"

"선생님을 '공식' 김 소장님으로 불러도 좋을 것 같아요."

기준과 원칙을 강조하고, 핵심 내용은 '공식'으로 기억하라고 설명하는 내게 '공식 김형곤'이라는 별명이 생긴 배경이다. 다행히 그 별명이 나를 비꼬는 것이 아니라 나의 조금은 남다른 특징을 설명해 주는 것 같아서 나쁘지 않게 받아들였다.

나는 스스로를 무한 신뢰하지 않는다. 대신에 머리가 맑았을 때 정립한 기준이나 원칙은 매우 신뢰한다. 이 책에서 소개하는 내용 중 상당수가 나의 이른바 '공식'들이다. 이 책을 포함해 『사장학 수업』으로 소개되는 총 세 권의 내용은 다섯 가지 영역으로 구분할 수 있다.

1. 비즈니스 패러다임: 비즈니스 세계를 지배하는 룰을 이해하고 활용한다.
2. 비즈니스 프로세스: 사업 기회의 포착부터 다음 시장 기회의 탐색까지, 10단계 프로세스를 이해하고 숙지한다.
3. 사장이 넘어야 할 다섯 개의 산: 사장의 시작과 진행, 사장의 지속적 자기 강화 활동의 초점을 이해한다.
4. 사장의 리더십: 비즈니스 리더십, 개인 리더십, 관계 리더십, 조직 리더십, 사장의 자기계발을 이해한다.
5. 직원의 팔로워십: 자신의 가치를 높이면서 일하는 방식에 익숙해진다.

이 책은 위 다섯 가지 영역 중 세 번째 영역의 내용을 담고 있다. 이어지는 두 번째 책에서는 사장과 직원이 상호의존적interdependent 관계자로서 각각 어떤 역할을 해야 하는가에 대해 자세히 설명한다. 이 두 주체가 기업이 '성과를 반복해 낼 수 있는 공식'을 수행하는 핵심 역할자이기 때문이다.

네 번째와 다섯 번째 주제인 '사장의 리더십' 그리고 '직원의 팔로워십'은 입장과 위치의 차이가 있을 뿐 초점은 동일하다. 실제로 리더십과 팔로워십의 차이는 딱 한 가지다. 리더는 한 명이고 팔로워는 다수라는 것이다. 그런데 그 한 가지 차이가 실행의 과정에서는 천변만화千變萬化의 형태로 나타나고, 현대사회에서는 계급과 신분의 차이로까지 확대 해석되어서 기능하는 현실을 목도할 수 있다. 이는 명백한 오류이고 무지의 소산이며, 인간 사회에서 상호 간의 생산적인 관계를 심각하게 훼손한다. 드러난 현상이 본질을 훼손하고 기능적 효용이 본질적 효용을 넘어서는 상태가 반복되면, 우리는 의지를 갖고 에너지를 투입해서 본질을 중심으로 관계와 과정을 재정돈해 사회적 오류를 바로잡을 필요가 있다.

네 번째와 다섯 번째 영역의 내용을 다음과 같이 단순한 공식으로 요약할 수 있다.

Leadership = f(성과, 팔로워)

Followership = f(성과, 리더)

사장의 리더십은 팔로워가 누구이며 어떤 상태이냐에 따라 결정되어야 하고, 직원들의 팔로워십은 리더가 어떤 사람이냐에 따라서 달라져야 한다는 뜻이다. 나는 이를 '필요 리더십flexible leadership'이라고 부른다.

사장의 리더십과 직원의 팔로워십을 종합하면 '첫째, 사장과 직원이 조직의 성과 목표를 공유하고 둘째, 상호 간에 자신들의 영향력의 영역에 집중해서 소통하고 행동하는 모든 활동'으로 설명할 수 있다. 그래서 어떤 사람은 직원의 팔로워십을 '보스를 잘 다루는 방법'으로 표현하기도 한다.

리더십과 팔로워십을 결정하는 본질이 자기 자신이 아니라 조직의 목표와 상대에게 있음을 아는 것이 핵심이다. 기독교의 신약 성경에서 언급된 '선한 사마리아인 비유'를 통해서 관계성의 본질에 대해 조금 더 생각해 보자.

> 한 율법학자가 예수님을 시험하기 위해서 물었다. "선생님, 영원한 생명을 얻으려면 무엇을 해야 합니까?"
>
> 예수께서 물으셨다. "율법에 무엇이라 기록되어 있으며 너는 어떻게 읽었느냐?" 율법학자가 대답했다. "너는 마음을 다하고 목숨을 다하고 뜻을 다해서 주 너의 하나님을 사랑하고, 네 이웃을 네 몸처럼 사랑하라 하였습니다."

예수께서 말씀하셨다. "네가 옳게 말했다. 가서 이를 행하여라. 그러면 살 것이다." 율법학자가 자신을 옳게 보이려고 다시 물었다. "그러면 누가 저의 이웃입니까?"

그러자 예수께서 말씀하셨다. "어떤 사람이 예루살렘에서 여리고로 향하고 있었다. 그런데 강도들이 나타나 그 사람을 마구 때리고 옷을 벗겨 거의 죽게 만들고 가버렸다. 크게 다친 그 사람은 길에 쓰러져 있었다. 그때 한 제사장이 길을 가다가 그를 발견했지만 피해서 반대편 길로 가버렸다. 그 후 한 레위인이 길을 가다가 쓰러진 그 사람을 보았다. 하지만 이 레위인도 그를 두고 길 반대편으로 가버렸다. 마지막으로 한 사마리아인이 여행을 하다가 길에 쓰러져 있는 그 사람을 보았다. 사마리아인은 그를 불쌍히 여겨 올리브유와 포도주를 붓고 상처를 붕대로 감싸주었다. 그리고 자기 말에 태워 여관으로 데리고 가 정성스레 돌봐주었다. 다음 날, 사마리아인은 길을 떠나며 은화 두 개를 여관 주인에게 주고 말했다. '이 사람을 잘 돌봐주십시오. 돈이 더 들면 내가 돌아올 때 꼭 갚겠습니다.'"

예수께서 율법학자에게 물으셨다. "너는 이 세 사람 중에 누가 강도 만난 자의 이웃이라고 생각하느냐?" 율법학자가 대답했다. "그 사람에게 자비를 베푼 사람입니다."

예수께서 말씀하셨다. "너도 가서 똑같이 하여라."

"누가 이웃인가"라고 묻는 율법학자에게 예수님은 "이웃으로 행동하는 사람"이라고 대답하신다. 우리는 유형화된 특정 행동이 리더십 또는 팔로워십이라고 생각한다. 그러나 그렇지 않다. 기업은 사장의 리더십과 직원의 팔로워십이 관계성으로 어우러져 작용하는 공간이다. 그 중심에는 '성과'라는 공통분모가 있고, 사장과 직원 각자의 역할이 있는 것이다.

사장은 한 명, 직원은 여러 명이라는 피할 수 없는 기업의 구조 속에서… '윈-윈'의 관점으로 힘을 합치는 방식을 구체적으로 생각해 보자. 답은 총론에 있지만 진심은 각론에 있음을 기억하며, 다음 책에서는 '총론 찬성 각론 반대'라는 어리석은 생각에서 벗어나… 진정성을 바탕으로 한 관계성에서 함께 답을 찾아보자!

사장학 수업

사장이 넘어야 할 다섯 개의 산

초판 1쇄 인쇄 2023년 12월 15일
초판 1쇄 발행 2023년 12월 22일

지은이 김형곤
펴낸이 김선식

부사장 김은영
콘텐츠사업2본부장 박현미
책임편집 남궁은 **디자인** 마가림 **책임마케터** 문서희
콘텐츠사업5팀장 김현아 **콘텐츠사업5팀** 마가림, 남궁은, 최현지
마케팅본부장 권장규 **마케팅1팀** 최혜령, 오서영, 문서희 **채널1팀** 박태준
미디어홍보본부장 정명찬 **브랜드관리팀** 오수미, 김은지, 이소영
뉴미디어팀 김민정, 이지은, 홍수경, 서가을, 문윤정, 이예주
크리에이티브팀 임유나, 박지수, 변승주, 김화정, 장세진, 박장미, 박주현
지식교양팀 이수인, 염아라, 석찬미, 김혜원, 백지은 **브랜드제휴팀** 안지혜
편집관리팀 조세현, 백설희 **저작권팀** 한승빈, 이슬, 윤제희
재무관리팀 하미선, 윤이경, 김재경, 이보람, 임혜정
인사총무팀 강미숙, 지석배, 김혜진, 황종원
제작관리팀 이소현, 김소영, 김진경, 최완규, 이지우, 박예찬
물류관리팀 김형기, 김선민, 주정훈, 김선진, 한유현, 전태연, 양문현, 이민운

펴낸곳 다산북스 **출판등록** 2005년 12월 23일 제313-2005-00277호
주소 경기도 파주시 회동길 490 다산북스 파주사옥
전화 02-704-1724 **팩스** 02-703-2219 **이메일** dasanbooks@dasanbooks.com
홈페이지 www.dasan.group **블로그** blog.naver.com/dasan_books
종이 스마일몬스터 **인쇄** 북토리 **코팅·후가공** 제이오엘앤피 **제본** 다온바인텍

ISBN 979-11-306-4973-3 (04320)
979-11-306-4972-6 (세트)

• 책값은 뒤표지에 있습니다.
• 파본은 구입하신 서점에서 교환해드립니다.